一瞬で自分を印象づける！

できる大人は「ひと言」加える

松本秀男

青春新書
PLAYBOOKS

はじめに

「言葉1つ」ですべてがうまく回りだす！

ほんのひと言をプラスするだけで、人生は大きく変わります。

いま、社会は加速度的に変化のスピードを上げています。

変化はチャンスの時であり、成長の時であるとは言いますが、いま一つ、変化のスピードに合わせきれず、せっかく持っている能力を出し切ることなく、「人生の変化」をスローダウンさせてしまっている人も少なくありません。

かくいう私もそのひとりでした。

30代半ば、歯車が一つ噛み合わなくなるような出来事から、自分が思い描いた未来とは違う道を歩き始め、一生懸命暮らしてはいるものの、どことなく「このままでいいのだろうか？」と思い続けていたように思います。

その打開策は言葉にありました。

しかも「ほんのひと言」に隠されていました。

言葉は、自分と誰かをつなぐ接点であり、自分と社会をつなぐ接点でもあります。私たちは、社会の変化についていくことも、人間関係をつくっていくことも、言葉を使って行っています。

だとしたら、もしいま自分が、前向きに生きているにもかかわらず、社会や人とうまくつながれず、理想の自分を手に入れていないとしたならば、いま自分が使っている言葉では、何か足りていないのかもしれません。

それをおぎなうのが、「ほんのひと言」だったりします。

いつものように、お客様や、上司、部下、同僚、家族、友人に声をかけるときに、ちょっとした言葉を加えたり、ありきたりのメールに一文を加えるだけで、**人間関係はもちろん、自分自身の評価、会社の業績、そして自分自身の未来も大きく変わる**のだなと、私は自分の人生で実感してきました。

私は30代で何度も転職をしました。迷っていた時代と言っていいでしょう。

そして兄が継いでいた家業のガソリンスタンド経営を8年ほど手伝ったあと、スタンドは兄に任せ、外資最大手の損害保険会社の契約社員の営業として働きはじめました。45歳。なんと「45歳でゼロからの転職」です。

もちろん、直前の仕事がガソリンスタンドで、10年以上スーツを着る機会もなかった人間が、すぐに成績を上げられるほど甘い世界ではありません。

毎日毎日、パンフレットが入った重い営業カバンをぶら下げ、下町の商店や工場へ飛び込み訪問。一日70件ほどまわっても、そうそう契約はとれません。新人3か月目にして月の手数料収入が2000円という苦しい時期もありました。

そんななか、**ある小さな行動の積み重ねが、大きな成果につながっていきました**。たとえば仕事のお礼の際に、

「どうもありがとうございました。これからもよろしくお願いします」

と普通に言ってすませていませんか？

私はこうしたお決まりのあいさつに、ひと言プラスすることを始めました。

「おかげで、仕事が2日分ぐらい前に進みました！」
「スピーディなご対応のおかげで、一気にエンジンがかかりました！」
「この日程は、個人的にも、とてもありがたいです！」

こんな**何気ない「ひと言」**をつけ加えるだけで、**不思議なくらい相手の印象に残る**のです。時には**笑顔が広がります**。ビジネスライクで**クールな人間関係がちょっとあったまります**。

この**「ひと言プラスする習慣」を続けることで、自分の印象が変わり、信頼を得て、仕事も人間関係も人生も、すべてがうまく回りだした**のです。

結果的に、1年目で新人賞を獲得し、トップ営業に。下町の飛び込み営業だった私が年商100億円規模の企業からも契約をいただくようになりました。

そして50歳にして、契約営業社員としては異例の正社員に登用され、近畿中部北陸エリアの営業社員を教えるトレーナーとなり、そしてその1年後には、本社に異動し営業企画部へ。さらにわずか1年で、CEOや役員の直下となる経営企画部へ。**45歳の下町のガソリンスタンドのおやじが異例の昇進**となりました。

印象的だったのは、リーマンショックにともなう停滞の時期の出来事です。沈滞ムードの空気のなかでキャンペーンなど展開しても目標を達成しない年が続きました。

そのときに営業トレーナーだった私は、全国の支店を結ぶテレビ会議システムを使い、月に一度、頑張っている営業社員を応援する「番組」を始めました。

そこでは成果を出した営業をほめるのですが、ただ「素晴らしい」や「おめでとう」ではなく、「○○が素晴らしい！」「こんなところがすごい！」と**「ひと言」余計にプラスすることに徹しました。**するとその数年マイナス成長だった部門全体のキャンペーン成績が、なんといきなり**前年比130％のV字回復。**

この手法を翌年から全社に広げ、すべての部門の「素晴らしさ」や「価値」を「ほめ大会」のように共有することで、社員一人ひとりが自信と誇りを取り戻し、全社の売上も数年ぶりのプラスに転じたということに貢献しました。

そんな**大きなムーブメントが起きたのも、目の前のたった一人の人に対する「ほんのひと言」の積み重ね**だと思っています。

もちろん、これは家庭においても同じです。

松本家では、私や妻や息子がミスをして、予定に間に合わないようなとき、
「時間ギリギリだ。○○のせいで間に合わないじゃないか！」
と互いを責めることはしません。
「時間ギリギリ。スリル満点だね♪」

こんなひと言を加えると、**絶体絶命のピンチも笑って乗り越える**ことができます。

「言葉の使い方」を変えれば、「気持ちの伝わり方」が変わる！

印象に残る言葉を1つ加える

△「どうもありがとうございました」

○「どうもありがとうございました。**おかげで、一気にエンジンがかかりました！**」

感動の言葉を1つ加える

△「お疲れ様です。次回もお願いします」

○「短時間でこんな完成度の高い仕事に仕上がるなんて。**お願いしてよかった！**」

未来のいいイメージを1つ加える

△「大変な作業だと思いますが、よろしくお願いします」

○「**終わったあとのビールが楽しみだね**」

元気になる言葉を1つ加える

△「時間ギリギリだ。間に合わないじゃないか！」

○「**スリル満点だね**」

いつものあいさつや決まり文句に「ひと言プラスする習慣」で、相手との関係だけでなく、**自分のものの見方・考え方、自分自身も変わります**。

その結果、仕事・人間関係・人生……すべてがうまく回りだします！

この本にはそのヒントとなるエピソードをたくさん載せました。ぜひ今日から実践してみてください。試した人から、うれしい変化を実感できるはずです。

松本秀男

一瞬で自分を印象づける！　できる大人は「ひと言」加える　目次

はじめに　「言葉1つ」ですべてはうまく回りだす！……3

1章　「ひと言プラス」で印象は変わる！好感度が上がる！
——なぜか人の気持ちを動かせる人の共通点

1　「未来のいいイメージを1つ加える」とやる気が生まれる……22
2　相手との心の距離がぐっと縮まる「20文字のプレゼント」……24
3　「あいさつ」にひと言加えると、空気が変わる……26
4　どんよりした雰囲気を振り払うのは「振り切れた言葉」……28

5 〝これは使える〟と思ったらすぐに「TTP」！……30
6 相づちの打ち方1つで変わる！　言葉で安打をかせぐ方法……32
7 「相手の名前を呼ぶ」だけで好感度が上がる……34
8 〝劇的！〟をプラスする「ビフォーアフター法」……36
9 できる上司は「ダメ出し」ではなくて「惜しい！」を使う……38
10 「間違いもほめる」で勇気づける……40
11 誰でも今日から「ほめる達人」になれる3つの言葉……42
12 とりあえず「3S」を口グセにすると、好かれる会話になる……44
13 何気ないひと言が夫婦関係に奇跡を起こす……46
14 相手を「慰める」のではなく「応援する」言葉がある……48
15 言葉で相手をコントロールしようと考えない……50
16 電車の車内で中学生を小さなヒーローにしたひと言……52

2章 「いい言葉」が「いい結果」をつくる！
――成功する人は「売り込みトーク」をしない理由

17 できる人・残念な人の「最初のひと言」……62
18 できる大人は「話す」前に「聞く」……64
19 断られたときの「ひと言」がその後を左右する……66
20 知り合いがどんどんランクアップする「わらしべ長者トーク」……68
21 お客様の欲しいものは「商品」ではない……70
22 「よくぞ気づいてくれた！」と喜ばれる話し方……72

23 お世辞は不要！　相手の強みを知って共感するだけでいい……74
24 できる人は心の琴線に触れるのが上手……76
25 「人の脳を動かす」質問で話題が広がっていく……78
26 「想定外のひと言」で劣勢をうっちゃる……80
27 買わなかったストレスと戦っているお客様への「ひと押し」……82
28 あらかじめ外堀を埋めておく、ずるい「ネクタイトーク」……84
29 お客様の心の扉が一気に閉じる「やってはいけない話し方」……86
30 「最後に1つお願いがあります」――〝契約をとれたら終わり〟にしない……88
31 人と人を結ぶのは言葉……90
32 「お願い力」がある人の〝ノーと言わせないひと言〟とは……92
33 「言葉＋ワンアクション」であなたのお願い力はパワーアップ……94
34 会議が硬直しはじめたときの特効薬「ソレモアール」……96

35 「失敗してくれ！」と願う上司……98
36 リストラされた人に贈る言葉……100
37 相手が思わず許したくなる謝り方……102

3章 「自分にかける言葉」があなたをアップグレードする
——「理想の自分」に書き換える方法

38 「なぜできないの？」は人の成長を止める言葉……112
39 自分を進化させる「ひとりキャンペーン」……114
40 愚痴ばかりの毎日「やめます」宣言……116

41 自分を「ダメだ」と思わない、「こんなもんだ」で終わらせない……118
42 「人にほめられている自分」にかけられる言葉を想像してください……120
43 ほめ言葉は「相手は自分のどこを評価しているか」を教えてくれる……122
44 「この人は私にとって重要な人だ」と言い聞かせる……124
45 会う前に態度を決めておく大切さ……126
46 「好き」を上書きするマネージャーの発想法……128
47 減点法ではなく加点法で見る……130
48 自分の中で「いいね！」ボタンを押しまくれ……132
49 ほめるのが上手な人は「ほめられ力」も強い……134
50 「なんでもできる人」と思われた裏にあったひと言……136
51 「じゃあ、どうしたらいい？」の自問自答があきらめない心を生む……138
52 目の前が真っ暗になっても、歩き出せるひと言……140

4章 どんなピンチも乗り越えられる「言葉の力」
――「崖っぷち」を楽しむ人、苦しむ人のひと言の違い

53 ゴタゴタが起これば「来た来た来た！　成功の狼煙が上がった！」……146
54 ピンチを脱する魔法の質問「これは何のチャンス？」……148
55 「困った、大変だ」と言っても始まらない……150
56 「スリル満点の家族だね」で大ピンチから笑って脱出……152
57 元気がわくプラスの言葉で、行動もプラスに向かう……154
58 「何かのチャンスに違いない」と信じて手を打った結果……156

59 本心からの親のひと言が子どもを成長させる……158
60 相手の目線になって初めて出てくる言葉と態度……160
61 「温度のある言葉」が相手の心を温める……162
62 シンプルな言葉でも、込められた思いが相手を熱くする……164
63 子どもに言わないほうがいいけれど、言ったらビックリしたひと言……166
64 「ねばねば星人」から「尊敬、尊重、存在を認める」介護へ……168
65 「組織も家庭も人生も活性化」するためのキーワード……170
66 夫婦の危機を乗り越えたひと言……172
67 叱っても騒ぐ子を一瞬で静かにさせた意外なひと言……174
68 「私は不幸？」な人でも幸せになれるメッセージ……176
69 「クリスマスに一番幸せな人」にしてくれた、先輩のひと言……178
70 「おやすみ」のあとに「また明日」をひと言加える……180

おわりに……184

コラム

1通の手紙で起きた奇跡……54
歌手のさだまさしさんに教わった「心に響く言葉のつくり方」……104
メールの「!」マークは「人に向いている」という印……142
「上司を出せ!」とコールセンターに言って喜ばれたひと言……181

編集協力　二村高史
本文デザイン・DTP　岡崎理恵

1章

「ひと言プラス」で印象は変わる！好感度が上がる！

――なぜか人の気持ちを動かせる人の共通点

1

「未来のいいイメージを1つ加える」とやる気が生まれる

たった1通のメールで、部下や仕事相手のやる気を引き出す方法をご存じですか。それは、未来のいいイメージを伝えること。たとえば、次のような一文をプラスするのです。

「どんな結果になるのか、いまからワクワクしています」

「3か月後、社内がワッと騒がしくなる様子が楽しみです」

親しい相手ならば、次のような一文でもOK。

「終わったあとのビールが楽しみですね」

プロジェクトが完了した未来のこと、締め切りを乗り越えた時点での様子をイメージしてプラスします。

というのも、仕事に追われている人は、目の前のことに精いっぱいになりがちです。また大きな課題、壁にぶつかって、それを乗り越えようと試行錯誤はするけれど、なかなか前に進んでいる実感がなく、ずっとこのきつい状況が続くと思えてしまいます。

そんな人に対して、「壁を登るにはこうすればいい。そこに手をかけるんじゃなくて、もっといい手がかりがある」と壁の乗り越え方ばかり説明しているのでは、心の熱量があがりません。

むしろ大切なのは、登った先にまったく違う世界が広がっているのだと示すことではないでしょうか。

これは、メールの文面に限りません。たとえば、ある商品のキャンペーンを行っている最中だとしましょう。まだ慣れていない新人は、一つひとつの商品をどうやって売るのかに汲々《きゅうきゅう》として、なぜキャンペーンするのかという目的が理解できていません。

そんなときは、商品の売り方を説明するだけではなく、そのキャンペーンが終わったときに自分がどんな姿になっているかをイメージしてもらうことも大切です。

「キャンペーンの意味は自分の営業力をあげるためなんだ。大変かもしれないけれど、この山を登ったら、もっと高い山に登れる体力がつく。それにすでにもう登り始めているよ」

そんなひと言をかけてあげれば、取り組み方も結果も大きく違ってくるはずです。

2

相手との心の距離がぐっと縮まる「20文字のプレゼント」

先日、素敵な名刺をつくってくれる名刺のスペシャリストの方に、お礼のメールを書きました。お決まりのお礼にプラスしたのが、次の文。

「めちゃめちゃスピーディー！　助かります♪」

すると、先方から「このメールで、またいっそうやる気が湧いてきました」という返事をいただきました。

ポイントは、「感謝」や「うれしさ」や「貢献（こちらのプラスになったこと）」を自分の言葉で伝えること。これだけで、ガラリと雰囲気が変わります。

「さっそくご対応いただき、ありがとうございます」

でメールを終わらせた場合と比べてみてください。（頑張ったことを）分かってくれた、喜んでくれた、とうれしくなるでしょう。

これが「プラス20文字のプレゼント」。メールでも、会話でも、クールでドライな人間関係に熱や体温や潤いを乗せるのです。長すぎるとうっとうしく感じるかもしれないので、20字前後というのもミソ。最初は面倒かもしれませんが、毎回必ず加えることを習慣化してしまえば、苦になるどころか楽しくなってきます。私が保険会社の経営企画部に在籍していたころは、一日に百通を超えるメールをやりとりしていました。私からの送信メールには「プラス20文字のプレゼント」を心がけました。

「おかげで、仕事が2日分ぐらい前に進みました！」
「ゴールに向けて一気にエンジンがかかりました！」
「この日程は、個人的にもとてもありがたいです！」

こうしたひと言をプラスすれば、相手はすぐに対応したかいがあったと感じて、モチベーションもアップするでしょう。

自分に対する好感度もアップして「あの人のためなら、次もなんとかしよう」と思ってくれるでしょうし、部下なら**「もっと頑張ろう」という気持ちになって、それが成績アップにつながる**のも自然のなりゆきです。

こうして、人と人との関係をいい方向に循環させるのが、「プラス20文字のプレゼント」なのです。

3 「あいさつ」にひと言加えると、空気が変わる

前職の保険会社での話です。私は最後の3年間、会社の中心でもある経営企画部に所属しました。CEOをはじめ役員たちのサポートをし、各部門や事業本部との調整をとりながら、会社の戦略の企画、実行のサポートをしていく部門です。私は数年前までガソリンスタンドのおやじでしたので、外資系の経営企画部で唯一英語が話せないメンバーでした。しかしながら、他のメンバーは、大半が帰国子女や、留学経験者や、外国籍の社員だったりしました。またとても心の熱い素晴らしいメンバーばかりでした。

とはいえ、私以外はみんな賢い人ばかりなので、職場がクールで静かな空気になることもありました。そのクールさを、とても潤いゆたかで、あたたかな空気に変換してしまうメンバーが立て続けに入ってきました。瀬山さん、佐藤くん、山本さん。

この3人は別々に異動してきたり中途入社してきたのですが、3人とも共通する点があることに気づきました。それは、**あいさつが、ひと言多い。**

「おはようございます！　今日も寒いですねえ」
「おはようございます！　昨日のサッカー、熱かったっす！」
「おはようございます。松本さん、朝からうれしそうですね。なんかあったんですか？」

みんな部屋に入ってくるなり、あいさつとともに、何かひと言加えます。あいさつだけして席に着くのではなくて、あいさつとともに、何かコミュニケーションが始まっている。

これをほめ達（ほめる達人）では、「ふた言あいさつ」と呼んでいますが、**あいさつにひと言足すだけで、びっくりするほどにその日のコミュニケーションが変わり、いい関係ができたりします。**これってとても効果的なのです。

かく言う私も、部門の事務を支えてくれている派遣社員の方に、こんなことを言われたことがありました。

「松本さんは、朝、自分がおはようございますと言って入って来るときに、必ず目を見ておはようと言ってくれるので、朝からちょっと元気になれます」

「ふた言あいさつ」はひと言プラスだけではなくて、ワンアクションをプラスしても相手に伝わるようですね。「ひと言」「ワンアクション」、たったそれだけです。

4 どんよりした雰囲気を振り払うのは「振り切れた言葉」

停滞している職場で、決まって蔓延《まんえん》しているのが、無難であたりさわりのない言葉。

われながら斬新な企画を発表して会議にインパクトを与えたと思ったら、

「悪くないんじゃないですか。とくに違和感ないと思います」

期限内に出来のいいレポートを仕上げて、どんな反応をされるかなと期待したら、

「問題ありません。お疲れさまでした」

新人の営業がようやく契約をとってきて、意気揚々と上司に報告したら、

「ようやくとれました？　よかったですね」

ほめられるのが目的ではないとはいえ、こんな反応じゃ力が抜けてしまいます。言っている人も悪気はないのでしょうが、**言葉に温度を感じられないために気持ちが伝わってこない**のです。

上にも下にも振れることなく、相手を勇気づけることもなく、あたりさわりのない無難

な言葉ばかりを使っているためです。

こうした**言葉は次々に伝染して職場全体の活気を奪い、最終的には業績の低迷につながっていく**という例を私はよく見てきました。

状況を変えようと思うなら、どんよりとした空気をかきまわす「振り切れた言葉」を使ってみませんか。

たとえば、次のようなイメージです。

「まさに！　インパクトのある企画ですね！　ハッとしました！」

「短時間でこれほどまでに完璧なレポートができるなんて。お願いしてよかった！」

「新人でこんな契約をとるなんて！　これで次のステージに行けるね。期待できるなあ！」

……………………

同じ状況でも、こういうひと言がプラスされたらどうでしょうか。相手の心の温度を上げて、「よし、これからも頑張るぞ」という気持ちになるかもしれません。

ほんのひと言にすぎませんが、それで人間は変わるもの。相手をその気にさせるのも言葉なら、自分の気持ちを盛り上げるのも言葉だということを忘れないようにしたいものです。

5 〝これは使える〟と思ったらすぐに「TTP」！

かくいう私も、最初のうちは常套句《じょうとうく》と社交辞令満載の業務メールを送っていました。

それが変わったきっかけの一つは、保険会社に勤めていたときに、ある支店の女性クラーク（事務職）の方からいただくメールでした。

この人からメールを受け取ると、いつも気分がよくなるんです。なぜだろうとよく考えてみると、どんな業務メールであっても、**必ず気持ちをひと言プラス**してくれていたのです。

しかも、私からその方へは手間がかかるお願いをすることが多かったにもかかわらず、

……………

「ものすごく元気がでる企画ですよね」

「支店のみんなもきっと喜ぶと思います」

というように、「感謝」や「うれしさ」のひと言が添えられているのです。

こうしたひと言で私の気分がよくなるのだから、自分もほかの人に対して同じようなことをすればいいのだなと思うようになりました。

本社に異動したときの最初の上司もそうでした。私より若い方だったのですが、彼もまたひと言プラスしてくれる人でした。

私の報告に対して、上司としては「了解しました」とか「分かりました、ありがとう」で終わってまったく問題ないですよね。ところがその方は、

「そのことは、○○の業務の△△について理解するのにものすごく役立つね。

松本さん、ありがとう」

……………

というように、**人や仕事に「貢献していること」を具体的に示してくれる**のです。

こういうメールを受け取るたびに、私の体温はふっと上がりました。

この上司のようなひと言もまた、私は真似をすることにしました。あなたのまわりにも、探せばお手本はいくらでもあると思います。

大切なのは、カッコいい言葉を表面的に真似るのではなく、地味でもベタでもいいので、自分の体温がふっと上がったと感じられた言葉を真似ることです。

素敵な人がしていることを、意識して真似る、パクる。このテクニックを仲間内ではTTPと呼んでいます。TPPじゃなくてTTP。「徹底的にパクる」の略です。

6

相づちの打ち方1つで変わる！言葉で安打をかせぐ方法

「一気にエンジンがかかりました！」「これで次のステージに行けるね！」といった振り切れた言葉は、野球にたとえればホームランのようなもの。慣れないうちは狙って出すのは難しいかもしれません。また、「自分は内向的な性格なのでムリムリ！」という方もいることでしょう。

でも、ご心配なく。振り切ってホームランが出なくても、ヒットを稼げばいいのです。バントでも大丈夫。**抑揚や緩急、心の込め方で、普通の言葉でもヒットにできます。**ホームランを量産しなくても、イチローのように活躍したいですね。

言葉のヒットを打つのが得意だったのは、私が以前マネージャーをしていた歌手のさだまさしさんです。

私は、大学時代からさだまさしさんのツアースタッフにアルバイトとして参加し、卒業後そのまま就職しました。制作マネージャーという肩書でしたが、さだまさしさんの書生のような存在といったほうがいいかもしれません。本当によくかわいがってもらって、ツアーに同行するだけでなく、オフの日に一緒に車で旅したりしたこともありました。そんなとき、さださんは大学を出たばかりの私を、うまくほめてくれました。まさに天然のほめ達です。

私が車を運転しながら、「まさしさん、こんなことがあったんです。実はかくかくしかじか……」と言うと、さださんは、

……「お前よくそんなもん、見つけてくるね」「すげーな、おまえ」「なるほどねー」

といった調子で、**次々に相づちを打ってくれます**。

文章に書いてみると単純そのものですが、さださんほどに売れている人が、私などにどれだけ感情を込めてくるんだろうというほど、大きな抑揚をつけてくるのです。

「いやいや、それほどでもないですけど」と私が謙遜すると、「いやあ、さすがだよ」「うんうん、今度一回見にいくか」と、安打を打ち続けます。

そこまで言われると私もうれしくなって、今後もさださんにいい情報を持ってきて、一緒にいい仕事をしようと思いますよね。

点数が入るのはびっくりするようなホームランだけじゃありません。ヒットをたくさん重ねることで、大量点を入れることができるのです。

7 「相手の名前を呼ぶ」だけで好感度が上がる

人間関係を親密にし、**自分を印象づける重要なポイントは、相手を名前で呼ぶこと。**これは、営業でも接客業でも客商売の基本です。

駆け出しの営業は、単に役職で「社長もご存じだとは思いますが」などと言いがちですが、できる営業は「山田社長」「川口部長」というように必ず名前を呼んでいます。

ではなぜ、名前で呼んだほうがいいのでしょうか？

名前で呼ぶことは、その人を業務上のファンクション（役割や機能）として扱っているのではなく、一人の人間として向き合っていますよ、という表明です。呼ばれる側からみると、相手から認められているという「承認欲求」を満たすものであるため、名前で呼んでくれる人に対して親しみを感じるのです。

簡単にいえば、名前をきちんと呼ぶことは、相手を個人として認めることであり、それは敬意につながるからこそ、大切にしたいのです。

お年寄り相手だと、それが誰であっても、おばあちゃん、おじいちゃんで済ませる方もいますが、個人個人を尊重するのなら「○○さん」ときちんと名前を呼ぶべきでしょう。

名前を呼ぶことは、セールスの上でも効果があることが実証されています。

アメリカ・テキサス州にある南メソジスト大学のダニエル・ハワード教授は、学生にクッキーを売る実験で、**相手の名前を呼ぶ場合には、呼ばない場合に比べて、購入率が約2倍になる**という実験結果を発表しています。

名前を呼んだほうがいいのは社名でも同じこと。「御社」と言うよりも、「竹内産業さまは……」と言うことで、相手に対する敬意が伝わります。

名前といえば、イギリスのニューカッスル大学の研究チームが、酪農家516名に聞き取り調査をした結果は興味深いものでした。

名前をつけてその名前を呼びながら育てた乳牛は、つけないで育てた乳牛に比べて、年間で最大284リットルも多くミルクが出たというのです。言葉を話さない牛でさえそうなのですから、人間では、名前を呼ぶか呼ばないかで大きな違いが出るのは当然といってよいでしょう。

8

“劇的！”をプラスする「ビフォーアフター法」

承認欲求は、人間の根本的な欲求です。これを満たしてあげられるかどうかは、上司の重要な能力といってよいでしょう。もちろん、「よくやったね」とほめるのはいいことですが、それだけでは部下がピンとこないことがあります。もうひとつ心に刺さらないのです。

そこで私がよく使ったのは、**「○○だったのに、△△だね」**という言い方。

たとえば、

…………

「入社研修終わったばっかりだったのに、こんな結果を出すなんてすごいね！」

「去年も頑張っていたけど、今年になってこれだけ成果を出すとは、よくやったね」

といった具合です。

つまり、ただほめるだけでなく、前段にビフォーの要素を入れるというテクニック。単純に相手を高めるよりも、その分だけ成長を実感させてあげることができ、場合によっては劇的な感じが強く出て、言われた側の印象は強くなります。

単純に見えて、なかなか効果的な語法です。名づけて「ビフォーアフター法」！

この「ビフォーアフター法」は、部下や後輩だけでなく、子どもの勉強にも応用できます。

「この前までは半分くらいしかできなかったけれど、今じゃ8割くらいできるようになったね。よく頑張ったね」

…………

以前までさかのぼり、子どもの努力を認めてあげるわけです。

私が会社でこの「ビフォーアフター法」をよく使ったのは、前にも触れた「テレビ会議システムを使った生放送でのほめ大会」でした。自分もまた営業として苦しんだ経験があるので、支店の若い営業に自信をつけてもらいたかったためです。

ほめ達（ほめる達人）ではこれを、「心の報酬」の一つである「成長の実感」と呼んでいます。自分の成長は自分ではなかなか実感できないもの。それを実感させてあげることです。

実は、これが私の思った以上に、みんなのやる気を引き出したようです。リーマンショック後の数年間、キャンペーン期間の成績もマイナス成長だったにもかかわらず、なんとその年、いきなり前年比130パーセント！　私が本社の経営企画室に抜擢されたのも、こうした「言葉」によって成果を引き出したからだと言われました。

9

できる上司は「ダメ出し」ではなくて「惜しい！」を使う

よく言われることですが、コップに半分の水が入っている場合、人によって2種類の見方があるといいます。一方は「まだ半分ある」という人、もう一方は「もう半分しかない」という人。

人を指導する立場ならば、「まだ半分ある」とプラスの気持ちで部下を見ていってほしいものです。つまり、頑張って向上しようとしているのに、上司から見て100パーセントの出来でないからといって「あなた全然ダメ」と全否定しては、育つものも育ちません。

上司の発言は常に、「人の可能性と成長を信じる」ものでありたいですね。

では、「人の可能性と成長を信じる」言葉は、たとえば「惜しい！」。これが効果的です。

……「惜しいなあ、もう一息だよ」

と言われると、7、8割はできていて、残りは2、3割だなと受け取れます。勇気も出ますし、上司のアドバイスも聞いてみたい！　という気持ちになるのです。

「惜しい」は、**相手を応援する言葉であると同時に、勇気づけになる言葉**なのです。

これは、子どもを育てるときにも使えます。埼玉県秩父市で知人が経営する、ほめて育てる幼稚園「秩父ふたば幼稚園」では、積極的に「惜しい」を使っているそうです。

以前は、子どもたちがうまく洋服のボタンをかけられないでいるときに、「ほら、そのボタンはこっちでしょう。このボタンはここ」というように普通に指導をしていたそうです。ただ子どもたちはうまくいかないと、嫌になってしまったりしたとか。今では、

……「惜しい！　もうちょっとだね」

と言うと、**子どもたちは一回あきらめかけていたのを、もう一度やり直す**のだといいます。

もちろん、危ないことをしたら叱るのは当然。でも、そのときも頭から「ダメ」と全否定するのではなく、「お友だちがけがをしちゃうよね」というように、それが危ないことだと分かるような叱り方をするのだそうです。

「ほめるときは惜しみなくほめ、叱るときは何を叱っているのかが分かるように、しかも短くピシッと叱るんです」という先生の言葉が印象的でした。

10 「間違いもほめる」で勇気づける

人は「ダメ出し」なら本能的にできます。「そこが違う」「それがダメ」と、いくらでも見つけられたりします。人は相手のマイナス面にオートフォーカスできるようになっているのかもしれません。逆に「ほめる」のは覚悟や決意ができていないと、なかなか良いところを見つけられなかったりします。

そんななか、さすが教育者の中には、ものすごいほめる達人もいらして、感動させられることがあります。

あるパーティーで、英語の塾を経営されている女性社長とご一緒しました。子どもをほめることについてお話しするなかで、こんなことを教えてくれました。

「松本さん！　私は教室でね、子どもたちがレッスンで間違ったときにでもほめたりします！」

間違ったときにでもほめる？　素晴らしいですね。どんなふうにほめるのですか？　とお聞きしたら、こう言われました。

「これはすっごくイイ間違いよ！　いまこれを間違えておくと、あなたの成長に役立つし、教室のみんなの成長にもつながる。頑張ってるからこそ出てくる間違い！」

…………

こんなふうにほめると聞いて、私は興奮するくらいに感心しました。

子どもたちはもちろん、大人たちも、成長していくためには、間違うことも失敗もあります。けれどもそれは挑戦したからこそ、頑張ったからこそ、行動したからこそ起きたことですね。

「トライアンドエラー」とは、トライした人にだけ、チャレンジした人にだけ与えられる、エラーという名の成長に必要な宝物なんだ、という意味かもしれません。

間違えたからこそ、成長できる。間違えなかった人には経験できない気づきがある。それは、同じ道を先に歩いてきた先輩だからこそ、分かること、伝えられることではないでしょうか。

ほめるところを見つけるだけでなく、普通はダメ出しするような部分にさえ、その意味を見つけて勇気づけるひと言、素晴らしいですね。

11 誰でも今日から「ほめる達人」になれる3つの言葉

さあ、ここで、会話が苦手な初心者でも、簡単に好感度を上げられる「とっさのひと言」をお伝えしましょう。

「すごい」「さすが」「素晴らしい」の3つの言葉です。

難しく考えることはありません。相手の言葉や行動によって自分の心が動いたら、すかさず「すごい！」「さすが！」「素晴らしい！」と口に出してしまいます。

たとえば、「日曜日に10キロ走ったけどきつかった」と言われたら「すごいですね！」、「うちの娘が友だちと卒業旅行でディズニーランドに行ってきて」と言われたら「素晴らしい！」と答えればOK。もちろん小声でもOKです。

な～んだと思う方がいるかもしれませんが、そんなシンプルなことも意識してみるかどうかで大違い。組織のなかで長く生活していると、自分の感情をなるべく外に出さない癖がついてしまう場合があります。自分では伝えているつもりでも、ちっとも相手に気持ちが伝わっていないことはよくあります。

そこで、ベタでもいいので、まず感情を素直に言葉にして表現する癖をつけましょう。そのきっかけとなるのが、「すごい」「さすが」「素晴らしい」の3つの言葉なのです。ほめ達では、この3つの頭文字がSであることから、「ほめ達3S《スリーエス》」と呼んでいます。これを言うだけでも、今日からほめ達です。

こればかりだと単調になるので、合わせ技で「すごい! さすがだねぇ」「さすが、素晴らしい出来だ!」というのもOK。

この3Sがすぐ口に出るようになったら、次は3Sに続く言葉を考えましょう。いつまでも「すごい」「さすが」「素晴らしい」だけでは、ボキャボラリーがとぼしいと思われたり、単なるお世辞やおべんちゃらのように聞こえる場合もありそうですから。

…………

「すごい! これだけの資料が揃えば、もう完成したも同然!」

「素晴らしい! 社員の皆さんの努力があってこそ、ここまで成長したんですね!」

このポイントは、どういう点について自分が心を動かされたのかを、具体的に表現すること。それを加えることで、心から言っているのだと伝えることができます。

12

とりあえず「3S」を口グセにすると、好かれる会話になる

あなたの奥さんか旦那さんが、もじもじとこんなことを言い出したらどうしますか。

「財布を落としちゃった……。3万円、入っていたんだけど……」

ここで、「ばかだなあ」とか「財布どこにいれてたの!」と怒るように言っても、生産的ではありません。財布は戻りませんし、お互いに気まずい気持ちが残るだけ。

では、そんなときに、どんな「ひと言」があるかというと、まず「すごいね」と口にします。え? ほめるとこじゃないでしょって? いえいえ、そして、こう続けます。

「普通さあ、そんなこと、なかなか言い出せないもんね。

それを素直に言ってくれるお前はすごいね。うれしいよ!」

……………

このように、常識ではとうてい喜べないような場面でも、とりあえず「すごい」「さすが」「素晴らしい」の3Sを言ってみると、すべてがいい循環になります。

重要なのは、**とりあえず口にした後、その理由を考えてプラスすること**。こじつけっぽ

くても構いませんので、前向きに納得できる理由をつけることが大切です。そのためには、3Sを口にすると同時に、脳をフル回転させます。**3Sは前向きスイッチ**のようなもの。

つまり、脳を動かすきっかけとして3Sを口に出すわけです。3Sを口グセにしておけば、困難な場面も解決するトレーニングが、普段からできてしまいます。

たとえて言ってみれば、つらそうなことがあっても、先に笑顔をつくっておくようなもの。脳科学的には、笑顔をつくれば自然といい感情が出てくるといいます。3Sもまた先に口にすることで、困難な場面でもいい感情で、対応ができたりします。

では、奥さんの立場で、旦那さんから「リストラされた」と告げられたらどう答えたらいいでしょうか。やはりこれも同じ、まずは「すごいね」と言ってあげます。

「あなた、すごいね! 私に言ってくれるのには勇気がいったでしょう」

「そんなときになかなか言い出せずにいる旦那さんも多いって聞くけど、その日のうちに言ってくれるあなたって男らしいし、聞かせてもらえる私もうれしい」

活字にするとオーバーかもしれませんが、暗闇に灯りをともせる言葉になります。

それまでガックリきていた旦那さんも、「ああ、こいつはおれの味方なんだな」と思ってくれて、きっと元気を取り戻してくれるに違いありません。

13

何気ないひと言が夫婦関係に奇跡を起こす

たったひと言で関係がよくも悪くもなるのは、夫婦の間でも同様です。

宮崎県日南市では、女性活躍促進や少子化対策、労働力確保の一環として、2016年に夫婦円満都市プロジェクトを立ち上げ、私もお手伝いをしました。テストケースとして20代～40代の3組のご夫婦を対象に、夫婦円満のコツを伝授することになったのです。

みな仲のよさそうなご夫婦なのですが、女性陣は旦那さんの家事にどうも不満があるようです。食器洗いをやってくれるのはいいけれど、水を出しっぱなしにしたり、キッチンをビショビショにしたりとか、かえって仕事が増えると声を揃えます。

一方、男性陣に聞くと、わりと家事は手伝っているつもりでも、いつも奥さんからダメ出しをされるので、モチベーションが下がるのだと言います。こうした意識のずれのおかげで、モヤモヤしたり、衝突したりすることもあるとのこと。

そこで、洗剤メーカーのライオンの「暮らしのマイスター」さんが旦那さんたちに食器洗いを伝授、別室で私が奥さんたちに旦那さんをほめるってこんなことですよ、とお伝えしました。具体的なほめ方は、「すごい、さすが、素晴らしい」の3Sが中心。つぶやく程度でもいいので、何か見つけてほめてあげてくださいと伝えました。

そして夫婦が再び顔を合わせて、旦那さんたちは食器洗いを実践。脇で奥さんが、

「へえ、そういう洗い方教わったの？　すごいね」

などとつぶやきます。すると、旦那さんは言われ慣れていないものだから、目を丸くしてびっくり。でも、だんだんと会話が進み、「このぐらい楽勝」「さすがだね」などというやりとりがあって、場が徐々に温まってくることを実感しました。

驚いたのは、最後に旦那さんが3人とも、「もう、洗うものないんですか？」と同じセリフを口にして、なんと3組とも手をつないで帰っていったこと。私の長い経験でも、こんな激変の瞬間を目の当たりにしたのは初めてです。言葉にする大切さを再確認しました。

1年後にフォローアップのために再会してみると、旦那さんは進んで家事をするようになったと奥さんたちは大喜び。しかも、「うちの旦那はこんなこともしてくれるんです」とみなさん饒舌《じょうぜつ》なこと。羨ましいようなご夫婦の姿。そして、一番若いご夫婦に赤ちゃんができたというニュースも聞き、夫婦円満プロジェクト大成功でした。

14

相手を「慰める」のではなく「応援する」言葉がある

相手の口から自分を卑下する言葉が出てきたとき、そのフォローのひと言は大切になります。営業時代にも、中小企業の社長さんから、「私のところは、吹けば飛ぶような会社だからね」と謙遜よりむしろ卑下するようなことをよく言われました。

もちろん、相手は同意を求めているわけではないですから、否定してさしあげるのが普通。おそらく、多くの人は「そんなことないですよ、社長。こんなにいい成績をあげているじゃないですか」と答えることでしょう。社長は、「そうかなあ」と苦笑いをして、その場は一件落着というのがよくあるパターンだと思います。

確かに悪くはありませんが、それで終わってしまっては50点だと思うのです。考えてもみてください。自分を卑下する言葉を発するときには、そこに社長が普段から抱えている何かしらの不安や心配があるはず。相手が本当に欲しいのは、型通りの慰めではなく、不安が解消できて将来に希望がもてるひと言ではないでしょうか。そのためには、相手をしっかり観察して、応援できる「言葉」を探したいですね。

経営者は常に意思決定を繰り返す毎日です。それが正解なのかどうか自信がなくても、「決定」しなくてはなりません。「これでいいのか？　これでよかったのか？」とふと立ち止まって悩むことも多くあるものです。

経営者の意思決定のお手伝いはなかなかできませんが、その意思決定をすること自体を称えてさしあげることはできますよね。

……………………

「○○社長、そんなふうに言われながらも、会社を前に進めていかれるのは、すごいです。その決断力、サラリーマンの私にはとうてい真似できません！」

「ええっ？　社長でもそんなふうに思われるのですか？

目指されている姿のレベルの高さを感じてしまいます。やっぱりすごいですね、○○社長」

人によって悩みは違います。相手のコンディションを完璧に理解するのは難しいですし、相手を応援するひと言もすべてオーダーメイドです。ただし、おだてたり慰めたりするのではなく、相手の心に寄り添いながら応援するという気持ちに立てば、たとえ下手くそでも、最良の言葉が見つかるかもしれません。

15 言葉で相手をコントロールしようと考えない

講演先や懇親会で、決まって聞かれることがあります。それは、旦那さんやお子さんをその気にさせる「ほめ言葉」はありませんか、という質問です。

私が「ほめ達」の専務理事だから、さぞかし周囲の人間をほめてほめて思い通りに動かしているのだろうと思われることもあるようです。

でも、そうした「魔法の言葉」はありません。いや、ほめ言葉で相手をコントロールしてはなりません。

確かに、家事を手伝ってもらったときに「ありがとう」と言ったり、少しやり方が違っていたときに「あ、惜しい！」と言うのは有効です。

ただし、それはあくまでも、家族の幸せや子どもの成長を願ったり、いい関係をつくろうとした結果、出てくる言葉であるべきです。お互いに信頼感がないのに、**言葉だけで相手をコントロールしようとしても反発を買うだけの結果になる**と思います。

逆に、そうした意識を外したほうが楽になります。カッコいい言葉を考えようとせず、相手を思いやっているうちに自然にいい言葉が出てくることでしょう。

たとえば、宿題をあまりやろうとしない子に対しては、宿題に手をつけた段階で、まず

「あ、宿題をはじめたんだ」

と声をかけてあげるのがいいと思います。

親というものは往々にして、宿題を終えないとほめません。いや、自分が子どもだったときのことを棚に上げて、宿題なんてやるのが当然だと思い、終わってもほめないことも多いのではないでしょうか。

となると、子どもにとっては「終わってもほめられない、やらなければ叱られる」ということになり、これではなんのモチベーションにもなりません。小学生くらいの子なら、行動したらすぐにほめることによって俄然やる気が出てくるようです。

遊びざかりの多くの子どもにとって、宿題というのは漠然と「やりたくない」という存在ですから、そこで宿題をはじめようと決心するのは、大きな行動なのです。

ほめることの基本は「結果」でなく「行動」、また「プロセス」をほめること。もちろんそれは過保護ではなく、「人を伸ばすひと言」なのです。

16

電車の車内で中学生を小さなヒーローにしたひと言

ある午後、東京の私鉄、京成線に乗っていたときのことです。

私は東京都内の電車の移動では、よほど席が空いていない限り座らないのですが、その日は十分に空いていて座っていました。私の隣には中学生と思われるメガネをかけた少年が、マンガを読みながら座っていました。うららかな陽気の日です。

ある駅でそこそこ人が乗ってきて、席はほぼ埋まりました。そして次の駅。そこでは乗ってくる客はほとんどなかったのですが、私の座っている目の前の扉から、杖をついたおばあちゃんがゆっくりと乗ってこられました。

私はすぐに席を立ってゆずろうと思いましたが、いや、待てよ。

私が立てば済むことですが、よく考えてみれば、隣に座っている少年が立つほうが、このシチュエーションであればいいのではないかと思いました。

「キミ、立ちなさい」「席をゆずりなさい」

そんなふうに言ってしまったら、おそらく彼にとっては**「義務感」や「やらされ感」になってしまいます。**

そして、少年の耳もとに顔を近づけ、小声でこう言ったのです。

……「少年、キミの出番だ」

ひょっとしたらその少年は、おばあちゃんの存在が分かっていたのかもしれません。ビクッとしたかと思うと、すぐに席を立ちました。そしておばあちゃんに向かって、なんだか会釈だか誘導だか分からない動作をしてドアのほうに立ちました。

「あらあら、ありがとうございます。申し訳ないですねえ」

おばあちゃんは少年に笑顔。少年は学生帽のツバに少し手をやり、恥ずかしそうにまた会釈だかなんだか分からない動作をしていました。

そして、ほかの乗客たちも、少年に対して好意的なまなざしを送っていました。少年は小さなヒーローのようでした。

きっともともと優しい心を持った少年だったのでしょう。ただ、最近の電車は、席をゆずる人が減ってきているように思います。彼のような優しい心を、発揮しにくい雰囲気があるのかもしれません。大人として手伝ってあげたいと思った出来事です。

コラム

1通の手紙で起きた奇跡

言葉には力があります。私が受けた感動を、ちょっとした言葉に表現したことで、ほかの人の人生を大きく変えたという忘れられない出来事があります。

1996年、私が36歳で結婚したときのことです。式を挙げたのは、ハワイのマウイ島。今では珍しくなくなりましたが、海外挙式のはしりといっていいかもしれません。

準備にあたっては、現地にいる2人の女性に大変お世話になりました。

一人は、予約したコンドミニアム唯一の日本人スタッフだったフジコ。当時はインターネットが普及していなかったので、国際電話とファクスでやりとりをしました。

「挙式でしたら、私の旦那は白人で牧師をしているんです。うちの隣のマリオットには浜辺の芝生の庭にガゼボ（西洋風のあずまや）があって、そこでよく挙式しているけどどうでしょう!?」

すぐにマリオットのウェディングコーディネーターを紹介してもらいました。それが、もう一人の女性トレーシーです。当時の私の英語は、今よりもさらに低レベルだったので、本当に片言以下の英語で彼女と連絡をとりました。

彼女は親身になって相談に乗ってくれて、牧師さん、カメラマン、ビデオカメラマン、さらにギタリスト、シャンパン2本とすてきなウェディングケーキまでついて10万円！ 当時でも破格の値段でした。さらに、ホテルのレストランの一番いい席を予約してくれました。

式の前日、両家の家族11人とマウイ島に到着。トレーシーと顔合わせ。

「ヒデオたちみたいに、私を気遣いながらも、楽しく注文してくれる人は、アメリカ人でもあまりいないからうれしいわ。私も会えるのを楽しみにしていたよ！」

と喜んでくれました。でも、最後ににっこり微笑みながらひと言。

「ただ、予定の明日は嵐なんだよね」

驚いて尋ねると、雨ならばマリオットの中にある大部屋でやればいいとのこと。奥さんも私もまあ、芝生にこだわっていたのではないので、笑ってOKしました。

翌朝は案の定、台風並みの大嵐。朝7時にトレーシーから電話がありました。

「ヒデオ、あなたが発注主だからあなたの意思で決めてね。もし、今日は中止して1日延期したいというなら、全力でリスケジュールするよ！　きっとできないことはないわ」

つまり、その日に室内で式を挙げてもいいし、翌日外でやってもいいというのです。そこまで言ってくれるなら、明日にしてみようかと思った私たち。

「ありがとう！　明日にしてください！」

すると、昼ごろに電話がかかってきて、

「安心して。全員のリスケジュールができたわ」

「でも、レストランの予約は？　変更はできるの？」

「本当はレストランは明日休みなんだけど大丈夫！　開けさせたわ。あなたたち一組だけだからね。仲良しのシェフとウェイターが喜んで引き受けてくれたわ」

素晴らしい対応でした。翌日は、朝のうちこそ風が残っていましたが、夕方にはすっかり晴れて、サンセットの素晴らしい挙式になりました。マウイ島は日本人が少なく、欧米人の観光客が大勢見物、祝福してくれました。

私は、トレーシーのおもてなしに心から感謝して、丁寧にお礼を言ったのはもちろん、チップも多めにお渡ししました。

でも、それだけではまだ足りない気分だったので、帰国してからマリオットの支配人宛に、辞書を引き引き手紙を書いたのです。

「トレーシーというウェディングコーディネーターが、素晴らしいおもてなしをしてくれた。彼女が、私たちにマジカル・モーメントをもたらしてくれた。ぜひ、トレーシーを大事にしてほしい」

支配人からは、「あなたがたの結婚式がマジカル・モーメントになってよかった」ということが書かれた返事とマウイの美しいガイドブックが届きました。

さて、その1年後、妻と私は、思い出の地ハワイを再び訪ねることにしました。もちろん、フジコとトレーシーにも電話をして再会を約束します。

フジコは再会を喜んでくれて、なんと家に招いてくれてごちそうしてくれます。1年前にちょっと会っただけにしては、あまりの厚遇に驚いていると、「ヒデオたちの挙式を見た日本人観光客がね、『なんて素晴らしい！　ぜひ自分の娘にもやらせたい』といって、うちの夫に連絡してきて娘さんの挙式をしたの」

先ほど書いたように、夫というのは白人の牧師さん。日本人の間でモテモテになって、仕事で大忙しになっていました。ついには、著名な芸能人カップルの結婚式まで手がけたと聞きます。

翌日、マリオットでトレーシーに会うと、ここでもごちそうしてくれて、お土産までくれました。挙式に10万円しか使っていないのに、申し訳ないなと思っていると、おもむろに1枚の名刺を出して見せてくれました。

「ヒデオが支配人に手紙を書いてくれたでしょう。それで私の名刺が変わったの！」

その名刺に書かれていた肩書は、なんと『ディレクター・オブ・マジカル・モーメント』！

「すごく昇進したの。去年までの私とは全然仕事が違うのよ。本当にありがとう！」


これには驚きました。1通の手紙が、まさに奇跡を起こしたのです。

もちろん、手紙を出したのは、彼女のおもてなしに心から感謝したからです。でも、そんなささやかな行動によって、人の人生がこれほど大きく変わるなんて、思ってもみませんでした。そして、それを聞いた私もまた、本当にうれしくなったことは言うまでもありません。

「自分の言葉一つで、こんなにも変わるんだ」

思い返してみると、雨が降ってもがっかりすることもなく、「へえ、そういう方法もあるんですね、いいですね」とにこにこしていたことに、彼女のサービス精神が反応したのかもしれません。

「私はヒデオたちが好きだから、一生懸命やるわ」と言ってもらったことも思い出しました。

言葉には力があることを、つくづくと感じた体験です。普段のちょっとした言葉もおろそかにすることなく、大切にしていこうと思ったのは、この体験があったからかもしれません。

2章

「いい言葉」が「いい結果」をつくる！

――成功する人は「売り込みトーク」をしない理由

17

できる人・残念な人の「最初のひと言」

初商談のお客様に、できる営業が口にするひと言は、次のどちらだと思いますか。

① 今日お会いいただいたのは、この商品で何かお困りのことなどありますか。

② 私どもの商品には○○という特徴があります。

なかには、初めてのお客様に対して、いきなり商品の宣伝をはじめる営業がいますが、それでうまくいくことはまずありません。答えは①です。

なぜなら、**お客様は商品がほしいのではなくて、解決策がほしい**からです。

たとえば、住宅リフォームを例にとると、台所が古くて使いづらい、動線が悪いなどといった不満があって、それをきっかけにリフォームをしようという動機が生まれます。

どこに不満があって、どこを改良すればよいのかも聞かずに、一方的に「こちらが新素材を使ったキッチンです」「新しいトイレは高機能で清潔です」と商品をぶつけても、相手の気持ちに届きません。

とくに私がやっていた損害保険の場合は、不安やリスクというマイナスの課題に対して、解決策を提供する仕事です。ですから、いたってシンプルな質問ではありますが、①のようなひと言がお客様の心の扉を開くのです。悩みや不安がはっきりしていればいるほど、このひと言だけで堰《せき》を切ったようにお客様は話をはじめます。

「実は同業者の〇〇さんのところで、こんな事故があってね。保険会社の対応がこうこうで……」と、いきなりストライクな答えが返ってくる可能性もあります。

そうなると、商談の様子が一変。ゴールに向かってまっすぐにレールが敷かれ、その上を走る快適な商談になります。

ところが、こちらが勝手にレールを敷いたり、強引に電車を発車させてしまうと紛糾必至。お客様は「そうじゃない。違う、違う。何言ってるの」ということになってしまうのです。

しかも、「違う、違う」と言ってもらえればいいのですが、ほとんどの人はそこで沈黙！

さもなくば「あー、いいです」と断るだけで終わり。残念な営業は、ずれていることに気づかされることもなく、体《てい》よく追い出されてしまうのです。

18 できる大人は「話す」前に「聞く」

「できる営業」と聞くと、たいていの人が思い浮かべるのは、売り込みトークが上手な人ではないでしょうか。マシンガントークを連ね、グイグイとお客様を引っ張り、いつのまにか契約書にハンコを押させる……いやいや、そんな営業は一人もいません！　それで契約がとれたら苦労しません。

これは、営業に限らず人間関係全般でもいえることでしょう。相手のことをロクに理解もしていないのに、一方的に熱弁を奮っても、受け入れてもらえません。

まずは、徹底的に相手を知ることが大切です。そのためには、しっかりと話を聞くと同時に、しっかりと観察する必要があります。

そうして、徹底的にお客様が求めることを理解するのが、できる営業です。

そんなことを感じたのは、あるデパートの紳士服売り場でした。私が探していたのは、出張の仕事にも着ていけて、出張先のオフでも着られるようなジャケットです。売り場をぶらぶらしながら、「これって、カジュアルな感じでいいけれど、仕事には着ていけないかな」「仕事向きだけど、これ着てお寺めぐりとかしてたら変だよね」なんて思って眺めていたときです。

若い店員さんが近づいてきて、「そちらの素材は○○でございまして、今年の新作ですよ……」という説明をしてくれます。

「いや、見た目や着心地を求めているんだけどなー」という気持ちになりますよね。仕事熱心なのは分かります。ただ**求めているのとは別の方向にレールが敷かれてしまったような気分になり、その場はスルー**させてもらいました。

商品がいかにすぐれているかを伝えるのは、昔ながらのプロダクトアウト。お客が何を求めているかを聞くのが、マーケットイン、ですね。質問力、観察力は大切。

そう、相手の話を聞くことは大切です。息子が若干反抗期的に入りつつあった中学入学前のころ、困った私は「ちょっと、話をしようよ」と詰め寄ったことがあります。すると、息子が言うには、「父さんの『話をしようよ』って、父さんの話を聞けよってことだろ！相手のことも聞かないと、話をしたことにはならないよっ！」。

ぐうの音《ね》も出ませんでした。その通り。そんな自分をその後、何度も反省しました。

19 断られたときの「ひと言」がその後を左右する

飛び込み訪問やテレアポや商談で、話がまったく進まなかったときのひと言でも、できる営業とそうでない営業の差が出ます。

当たり前だと思われるかもしれませんが、**「また、ご縁がありましたら」**とか、**「また、よろしくお願いします」で終わる営業に、次のご縁はありません。**最後に必ず、

……「今後もまたご提案をしてよろしいでしょうか」

という意味合いの言葉を加えておくこと。これで「いいよ」という言葉を引き出せば、**またいつでも訪問してよいというぼんやりとした合意が、暗黙のうちにお互いのうちにできる**わけです。いわば、無期限の通行手形をもらうようなもの。

残念な営業は、有効な商談に持っていけないと「ダメだ、このお客様」と見切りがちですが、それはあくまでも営業側の発想にすぎません。

たまたまタイミングが悪くていい結果につながらなかっただけ。仕事が忙しくて落ち着

いて考える暇がなかったのかもしれませんし、ちょうど資金繰りの谷間で、あまり余裕がなかったのかもしれません。

営業だけでなく、就職試験も大学入試も恋愛も結婚も、すべてタイミングです。断られたからといって、全人格を否定されたように思うのは間違いです。

かつて、**「断られた時点で、本当の営業がはじまる」**という名言を吐いた人がいました。「断られた」というのは、全体のセールスプロセスの一部分でしかありません。断られてもそれでおしまいということではないのです。

同時に、契約したからといって、それがゴールでもありません。継続してもらったり、新商品を買ってもらったりするなど、お客様と営業との関係はずっと続いていきます。その全体がセールスプロセスなのです。就職も恋愛もゴールではないですものね。

断られても、タイミングや状況が変われば、また改めて商談、契約と進んでいくこともあります。ですから、一回断られただけで投げ出さないこと。将来の収穫を期待して種をまき続けることが大切です。

営業も人生も、人とのつながりがすべてです。

20

知り合いがどんどんランクアップする「わらしべ長者トーク」

営業に限らず、面識のない人に会いに行くのはハードルが高いものです。知らない人がいきなり訪れて頼みごとをしても、なかなか会ってもらえるものではありません。「○○さんの紹介」といえば、ハードルはかなり低くなります。しかし、慣れないころは、紹介をお願いするのもまた大変です。

そんな悩みを上手に解決するのが、私が先輩に教えてもらった、この「ちょっとずるいかも?」なテクニック。ちょっとした雑談のなかから、「ああ、あの人なら知っているよ」という話を利用して、紹介に近い効果を得ようというものです。

たとえば、お客様との会話のなかで、こんなふうにひと言をプラスします。

……「ところで、この地域で社長がすごいと思われる企業というのはありますか?」

するとこんな感じで答えが返ってくるかもしれません。

「君は、○○産業を知ってる? あそこの○○社長とは10年ほど前から知り合いなんだけど、なかなか尊敬すべきすごい経営者だよ」

そうしたら、「○○産業様は以前からアプローチしようと思って何回か電話していますが、まだお会いできていないんです」というように、その相手に会いたい旨をさりげなく伝えます。あとは、あまりコテコテと求めるのではなく、世間話をしながらその会社や業界の情報を集めるのがいいでしょう。

最後に念のため、「お会いできたときには、社長が尊敬している件をお伝えしてもよろしいでしょうか？」と確認しておきましょう。嫌だということはまずありません。うまくすると、そのお客様からアポをとってもらえることもあります。

そうでなくても、近い将来アポがとれた際に、半ば紹介のような気分で乗り込むことができます。少なくとも、共通の知り合いがいることは、緊張しがちな初対面での話題になるので、気分が楽になることでしょう。行った先では、また別の人を紹介してもらうことも可能です。

このテクニックを使うことで、少しずつ相手が尊敬される存在になっていくので、名づけて「わらしべ長者トーク」！　質問は「尊敬されている経営者は？」「どういう先輩がいらっしゃいますか？」などでもOK。地域限定で話をすることが大切です。

21

お客様の欲しいものは「商品」ではない

ある平日の午前中、大阪にあるデパートでのことです。私はある支店の60人にひと口ずつ配れるお土産のお菓子を探していました。お菓子自体は何でもよかったのですが、60個という数が問題でした。10個入り、20個入りという箱はありますが、60個入りの箱はなかなか見つかりません。

「ご試食どうぞ」の言葉などをかいくぐりながらショーケースを見て歩くと、比較的、数が入っていそうな箱を発見！　立ち止まってそっと斜めに覗き込んでいると……。

……

「そちらでしたら、50個入りです」

と、少し離れたところにいた店員さんに言われてビックリ！　なぜ私が数を気にしていることを見抜いたのでしょうか。

「あ、そうですか……」とうろたえる私に、「おいくつ入りなどでお探しですか？」と、ど真ん中に直球を投げてきました。

60人にお土産を配りたいのだと伝えると、彼女はそばに置かれていた台帳をぱっと広げて、「あいにくこの地下の売り場にはございません。40個入りと20個入りではいけませんか」と言います。なるほどないならそれでもいいかと思ったのですが、大きさが違う箱を2つ職場に持って行くのもちょっとぶかっこう。

すると彼女は、「でしたら、20個入り3つはいかがですか?」と提案するではありませんか。なるほど、どうせ60個入りはないのだから、それにしてくださいということになりました。考えてみれば、私が欲しかったのは「商品」ではなく、60個分の「思い」でした。

気がつけば、先ほど他のショーケースで私がパスした20個入りの箱を、彼女の見事なソリューションによって購入してしまったわけです。

それにしても、なぜ私が「数」を求めていることを見抜いたのか、聞いてみました。

「お客様が一番大きい箱をご覧になっていて、商品カードを覗き込んでいらっしゃったもので……。覗き込まないと見えにくいのは、そこに書かれている個数なんです」

なんという素晴らしい観察力と洞察力!

「すごい! プロフェッショナルですねぇ! 次もあなたから買います!」と思わず叫んでしまいました。

22

「よくぞ気づいてくれた!」と喜ばれる話し方

名刺交換のとき、個性的なデザインの名刺を受け取ったら、あなたはどうしますか?間髪入れずに「素敵な名刺ですね!」と言うのがいいですよね。だって、相手は印象を残すためにその名刺にしているのですから、スルーは失礼。がっかりされてしまいます。

特徴あるネクタイ、おしゃれなペンを見たときも同様。相手のこだわりに触れるひと言によって、その人と心を通じ合わせるきっかけになるからです。

さて、私が損害保険の営業を担当した、ある社長さんの話です。気難しいという評判の方で、ささいな失敗で前任者が2人も担当を替えられていました。

設立から何年もたっておらず、特殊装置を使った建物検査を業務とする会社でした。私が謝罪とご挨拶を兼ねて訪問したところ、うわさ通り難しいお顔での応対。でも、いろいろとお話を聞いていくと、脱サラしてこの仕事をはじめたきっかけや、現在の業界の様子など、少しずつお話ししてくれるようになりました。

やや打ち解けたところで、部屋に入ってすぐに覚えた違和感を話してみました。

「ところで、プリンターがやけに多いようですが、これもお仕事柄ですか?」

……

通常なら複数のパソコンでプリンターを共有することが多いのですが、この会社は逆にパソコンの数よりもプリンターのほうが少し多いのです。

「そう、そこがミソなんだ! あれで毎日、相手に合わせてさまざまなDMハガキをつくっている。ニッチな仕事だから、需要はあってもなかなかウチを探し当ててくれない。そこで、分かりやすいDMを送ると、すぐに飛びついてくれるというわけだ」

社長の態度は劇的に変化。満面の笑みを浮かべてこう続けました。

「うちの事務所でプリンターの多さに気づいたのは、キミが初めてだよ!」

社長はけっして気難し屋ではなく、なかなか自分のやり方を理解してくれる人が現れずに、いらいらしていただけなのかもしれません。

そこに、自分のこだわりに気づいてくれる私が登場し、喜んでくださったのでしょう。「こいつはちょっと違うな」ということで、かわいがってくれるようになりました。

その後、その会社は順調に業績を拡大。それまで契約していた自動車だけでなく、すべての損害保険契約をいただくようになり、私の最大の得意先になりました。

23

お世辞は不要！ 相手の強みを知って共感するだけでいい

営業だったときには、お客様に泣かされたことは、つらいという意味でも感動という意味でもよくありました。でも、逆にお客様を泣かせてしまったこともありました。もちろん意図したわけではなく、初訪問でごく普通に会話を重ねていただけなのに、ふと社長の目が潤んできたということが、何度もありました。

まだまだ私が駆け出しだったころ、ある社長の話をじっくりうかがって、その仕事の仕組みが見えてきたところで、こんなひと言を口にしたことがあります。

「なるほど、そのように地元に対してこだわりを持ってこられたことが、現在の成長の大きな理由なんですね。仕入れにしても、値段だけではない部分で地元企業を選ばれているからこそ、仕入れ先の企業も、より品質の良い材料を安定供給しようという心意気で仕事をしてくれるのですね」

もちろん、お世辞でなくて、自然に「これは、この会社の強みだよなあ」と思ったことを言葉にしただけです。

ところが、そこで社長の様子に異変が表れました。

「……ん？ まあ、そうなんだよね……。それほどでもないけど……」

そう語る社長の目は明らかに充血ぎみ。目尻には光るものがたまっていました。

経営者というのは孤独な存在です。とくに中小企業の経営者は、正解のない問題集と戦うような日々、責任を背負い一人で頑張っている方が多いのです。社員はその胸の内を理解してくれないし、家族でさえその仕事をよく理解していなかったりします。

そんなところに、私のような駆け出しの損保営業とはいえ、さまざまな企業を見て歩いてきた人間から、「それって、○○社長の会社の強みですよね！」と言われたことで、少しは報われたと感じてくださったのかもしれません。

これは営業活動に限りません。目の前にいる人の心を全開してもらうには、その強みや特徴を知って共感することが欠かせません。

お世辞は不要です。自分の心も開けて共感することが大切なのです。仕事も人生もすべて関係です。そうすれば、必ずいつかは自分にもその結果がいい形で返ってくるはずです。

24 できる人は心の琴線に触れるのが上手

マッサージをしてもらっているとき、「そこ、そこ、そこアタリ〜!」という場所がありますよね。会話でも同じことで、「よくぞ、その話題を出してくれた!」というポイントに触れると、一気に心を開いてもらえます。

私が家業のガソリンスタンドで店主をしていたときの話です。ガソリンスタンドは、そこそこいい時代もありましたが、1990年代後半に入るとすっかり斜陽産業化。安売り合戦となって利益が出ないため、人件費がかけられなくなってきました。

働き手は高校生やフリーターなどのアルバイトが中心となり、離職率も高まります。ときには、アルバイトの中から素晴らしい人材が現れて店を救ってくれたこともあるのですが、たいていの場合が苦労の連続でした。

しかも、店がバタバタしているときに限って、「店長! 軽油の車にガソリン入れちゃいました〜」と、屈託のない笑顔で女子高生のアルバイトが報告してきます。もちろんあってはならないことですが、「またかっ！」とうなだれつつ、車の下にもぐりこんで燃料タンクを外しガソリンを抜いた「とほほ」なことなども何度もありました。

かくのごとく、中小企業の経営者にとって、人材というものは売上、資金繰りと並んで常に頭を悩ます問題です。ということは、同時に関心が高い話題でもあるのです。

ところが当時、いろいろな業界の飛び込み営業が数多く訪れる割には、その関心事に触れてくれる人はいませんでした。そんなある日のこと。


……「元気のいいバイトさんが揃っていますね！　求人はどうされてるんですか？」


そう言ってくれた洗車機メーカーの営業がいました。

一番の関心事で、しかもちょっとほめられるというのは、心の〝柔らかい〟ところにうまく触れてもらったような気分です。私は急に饒舌になりました。

「いやいや、求人してもなかなか集まらないんですよ。いまどき、ガソリンスタンドなんかにね！　それにこれに、ああだこうだ……」

結局、その営業には思いのたけをすべて話してしまって、知らぬ間に絶大な信頼をおいていました。洗車機を交換するときは、その営業にまず連絡するようになったのは言うまでもありません。

25

「人の脳を動かす」質問で話題が広がっていく

できる営業とそうでない営業の差は、質問力にあります。駆け出しの営業の質問は、たいてい反射的にイエス・ノーや、ひと言で答えられるようなものばかり。

「今年に入って、景気はいかがですか?」「ぼちぼちだね」

「駅前にいいレストランができましたね、いらっしゃいましたか?」「行ってない」

そうした質問ではなかなか話題が発展せずに、すぐに会話は途切れてしまいます。

しかし、**できる営業は、即答できない「脳を動かす質問」をします。**たとえば、「社長は、どのあたりを目指しているんですか?」

というように、わざと漠然とした聞き方をするのです。

そんな質問を投げかけられた相手は、「だしぬけに何を言い出すんだね、キミ?」と思いつつ答えないわけにもいきません。これは組織のトップとして明確な答えをもっていなかったにせよ、普段からぼんやり悩んでいるはずの問題だからです。そこをズバリと突かれたらドキッとすることでしょう。

だからこそ、こういう質問をすると真摯《しんし》に考えてくれるのです。必死に脳を動かして、たとえば「先代の社長がこんなことを考えていて……」といった答えを返してくれたら、そこから話題がわっと広がります。同じように、

……「どういうところに力を入れていらっしゃるんですか」

という質問もいいでしょう。まだ見ぬ未来のこと、誰もが考えているけれども具体化していないことなどが、脳を動かす質問としてうってつけです。

私の場合、そうしたことをひとしきり聞き終えたあとで、「うちではこういうことができます」「こんな点は役に立つかと思います」という提案をしていました。そういう手順を踏むことで、「この営業は分かってくれる人だ」「うちの会社に寄り添ってくれる人だ」と思ってもらえるからです。

営業の仕事というと、単なる売り込みの手段の一つと思っている人が多いかもしれませんが、そうではありません。このように、目標やビジョンをもった企業のお手伝いができる、と感じられるのが営業の仕事のいいところ。いい質問をすることで、自分自身も伸ばしていける仕事なのです。

26

「想定外のひと言」で劣勢をうっちゃる

意表を突くひと言は、劣勢をひっくり返すのに有効です。もちろん、飛び込みの新人保険営業なんて常に劣勢なのですが、行った先で「保険ならもう入っているよ。いろいろ付き合いがあってね……」と言われると、もう土俵際いっぱい。

保険に限らず、ありがちな断り文句ですが、こんなとき、「さようでございますか、私どもは……」と受けて流すのは営業の初級コース。中級、上級になると、ただ受け止めるだけでなく、こちらの技も見せていきます。

そもそも、お客様がこうした言葉を投げるのは、その場から逃れるのが目的。とくに飛び込みの場合、仕事中に営業をかけられてうっとうしいことが多く、「あんたの話を聞いている時間はないよ」という意思の表明なのです。だからといって、商品がまったく不要だとは限りません。いい商品ならば買ってもらえる可能性はあります。

ここでうまいひと言をプラスすれば、その心の隙間にうまく入ることができます。

こんなとき、「いやいや、お付き合いもあるでしょうけど……」といった否定的な言葉は使いません。相手の言葉を受けて、肯定的な言い方をするのがコツ。

私は、思い切り笑顔を浮かべてこんなことを言いました。

「親戚やお知り合いの方のお付き合いで保険に入られている方、大好きです!」

……

すると、お客様は「なんだこいつは!?」という顔になります。あまりに想定外の言葉なので、思考回路が経験モードから外れてしまい、脳がいったんストップ。こうなると、こちらのペースです。追い詰められた土俵際で、うっちゃる体勢に入ります。

「お付き合いを大切になさるお客様と、私もお付き合いさせていただきたいんです!」「私のことも、長い目で気に入っていただけるようになりましたら、お付き合いくだされば最高です!」と笑顔で返せば、状況が劇的に好転します。

大切なのは、すぐに商品が売れるかどうかを探るのではなく、人と人とのつながりが成り立つかどうかを確かめることです。それができたと感じたら、次に、私はこういう仕事をしていると自己紹介すればいいのです。

「この人はおもしろそうだ」「使えそうだ」と受け入れてもらえば、いつかはお客様になる可能性が高まります。

27
買わなかったストレスと戦っているお客様への「ひと押し」

〝営業あるある〟の一つとして、商談をして見積もりも出して、さあ、クロージング！という段になって、「今回はいったんけっこうです。また検討しておきます」と言われることがあります。他社を選んだというわけではなく、コストやタイミングで迷った末に購入を中止したというケースです。

駆け出しの営業時代にこんな経験をして「惜しかった。最後の最後で契約を逃してしまった」と言ったところ、ベテラン営業から「それは惜しいところまで行っていない」と諭されました。

見積もりをとったということは、少なくとも「買いたい」という意思はあった。それなのに「買わない」という決断をしたことは、お客様にとってストレスになっているはず。だったら気持ちよく買ってもらう「ひと押し」が必要だったというのです。

とくに企業の損害保険の場合は、契約していないからといって業務ができないわけではないものの、入っていないと心配の種は尽きません。仕事中にクレーンが倒れたり、製品が事故を起こしたりする可能性はゼロではありません。

その可能性が頭をかすめながらも、「そんな事故今までなかったし。保険にかける費用も馬鹿にならないし」と思って見送られたのでしょう。

しかし、その結果どうなるかというと、以前よりもっと事故に対する不安が大きくなるのです。一度事故のリスクをイメージされたわけですから。断ったあともずっと、「欲しい」と「買わない」の間で迷い続けているのだと想像できます。

では、そんなお客様に対して、あとからできる「ひと押し」は何かといえば、私はこうした方を対象に、1か月ほどしてから1枚ものの商売っ気のないニュースレターを出すようにしていました。不思議なもので、ニュースレター発送から1週間以内に、何件かのお客様から電話がかかってくるのです。

「前に提案してもらった保険、やはり入ろうと思うんです」

たぶん、ずっと葛藤があったのでしょう。そんなところへ、商売っ気のないニュースレターが届くと、私の顔を思い出して「やっぱり入っておこうかな」という気持ちになるのだと思います。お客様のストレスを減らしてあげるのも、営業の仕事です。

28

あらかじめ外堀を埋めておく、ずるい「ネクタイトーク」

ニュースレターは効果があったわけですが、ベテラン営業の言に従えば、もっと早く「ひと押し」をしておけば、お客様にストレスを与えないで済んだことになります。

では、どうすればよかったのでしょうか？　もっと素直に買いやすい気分にしてあげればよかったのです。極端なことをいえば、お客様を迷わせるようなことをしない、ということです。

そこで、できる営業に教えていただいたノウハウです。クロージングで意思決定を促すための、お客様の潜在意識に仕込んでおくひと言。「わらしべ長者トーク」同様に、ちょっとずるい、営業トークです。ま、ゲームのようなものだと思ってください。

たいていの中小企業は、社長が「うん」と言えば契約決定ですが、意思決定を見送る言い訳として、奥さんや税理士という言葉が出てくることがあります。

一番多いのが、「うちは、かみさんが実権握っているんだよね。聞いてみないと」という断り文句。まったく不要ならばきっぱり断るのですが、奥さんを出してくるのはそこに迷いがある証拠です。断り文句を言わせないためには、あらかじめ意思決定の実権が社長にあることを、はっきりさせておけばいいわけです。

たとえば、商談のはじめのころに、自己紹介と雑談にまじえて「うちなんか、家内から信頼されていないみたいで、ネクタイ1本買うのも家内の許しをもらっています」とかなんとか、自虐ネタで少し親しみを感じてもらう。

そのあとで、「○○社長は、いいネクタイされてますね」と振るわけです。そして、ここからが肝心。「○○社長は私なんかと違って、ネクタイにしても何にしても、いいなと思ったら少しくらい値が張っても、ご自身で決められるんでしょう。うらやましいです」と布石を打っておくわけです。

「いいなと思えば、ネクタイくらいは自分で決めるよ」というようなことを言ってもらえれば大成功。このように言葉にしたことが、最後になって威力を発揮。そのときには、外堀は埋まっています。「妻に聞く」という言い訳は社長の頭の通過電車に。

もちろん、クロージングの際に「社長！　ネクタイは自分で決めるっておっしゃったではないですか！」なんて言ったら身も蓋もありませんのでご注意を。

29

お客様の心の扉が一気に閉じる「やってはいけない話し方」

正直は日本人の美徳といわれます。でも、正しいことを正しいままに言うことは、人を傷つけることもあり、人間関係にマイナスになってしまうこともあります。

それは営業でも同じこと。事故や賠償責任、病気などの補償をする損害保険の場合、ストレートに攻めようとすると、「こういう事故が起こるかもしれませんよね」という身も蓋もないリスクの話ばかりになってしまいます。

「仕事をしているとケガもしますよね！」「他人にケガさせることがありますよね！」「モノを壊しますよね！」「食品を扱っていたら食中毒も考えられますよね！」

信頼関係を築いていないうちに、こんなことを言っていたら「とっとと帰りやがれ！この野郎！」と追い出されるのが関の山。顔を出すたびにこんなこと言っていたら疫病神《やくびょうがみ》扱いされてしまいます。たとえ正しいことでも、面と向かってマイナスのことをストレートに言われるのは嫌なものなのです。

でも、根が生真面目なのも日本人の特徴。相手が苦労している点について、少しだけプラス評価の言葉をかけると、「いやいや、そんなことはなくてね」と謙遜しながら、普段から抱えている悩みやマイナス面について吐き出してくれます。

たとえば、最近ではどの会社でもメンタルヘルスは大きな課題。だからといって、「メンタル不安ですよね！」とストレートに言うような営業とは話したくない。そこで、日頃の企業努力に敬意を払う言い回しをすることで、気持ちの扉を開いていただきます。

…………「御社は労務管理がしっかりしていらっしゃるからご心配ないでしょうけど、世間ではメンタルヘルスが騒がれていますよね」

こんな話を従業員10人以上の企業ですると、7割くらいの確率で「いや、それが、やっぱりウチあたりでも不安があるんだよ……」という答えが返ってきます。

表面的には順風満帆に見える企業でも、現実はさまざまな課題を抱えているのが普通。社長の心の柔らかいところを傷つけずに、ソフトにタッチしようというのが、ちょっとひねったこの質問です。

信頼関係が確立していればストレートな質問も許されますが、まだそこまでいっていないという場合に、お客様の本音を聞くための有効な方法です。

30

「最後に1つお願いがあります」――〝契約をとれたら終わり〟にしない

その人の営業カバンに分厚いスケッチブックが入っているのを初めて見たとき、「すごいな、この人!?」と私は驚愕《きょうがく》しました。B5判程度の小さなサイズのスケッチブックですが、そこには、1枚に1人、お客様の手書きの文字が記されていたのです。

それは、お客様から彼へのメッセージであったり、座右の銘であったり、会社の理念であったり、何やら可愛いイラストのようなものであったりします。

それを書いてもらうのは契約が成立したとき。彼はスケッチブックを差し出して、特に目的も言わずにこう切り出すのだそうです。

……「私は書類の準備をしていますので、その間にこれに何か書いていただけますか」

「えー、何を書けばいいの?」

「座右の銘でも好きな言葉でも、僕に対するひと言でも、なんでもいいですから」

いきなりこんなことを言われると、人はおとなしく従ってしまうもの。実際、「そうかー」

と言いながら、「一期一会」「感謝」などと書いてくれるのだそうです。

彼によれば、契約が成立するくらいだから、すでに信頼はいただいているけれど、このスケッチブックに書いてもらうことで、一気に距離が縮まるというのです。

その時点までの質問というのは、社長の事業やプライベートのことを聞きながら、課題や思いや悩みなどを察していくものですが、このスケッチブックの言葉は、いきなり社長の心の中が表に出てくるので、距離の縮まり方がすごいとのこと。

書いてもらった瞬間に、2人の間はビジネスでのつながりではなく、人と人とのつながりになり、言葉づかいも変わってくるそうです。「へえ、社長はこういう言葉がお好きなんですか」「うん、こういうことを大事にしているんだよね」といった具合。

いわば、それまで「お客様対営業」だった会話が、一瞬で「お酒飲んでいるトーク」に変化するのだから超強力です。

とくに損害保険は年に一回更新するだけなので、**フォローをしたくてもお客様の数が多くて何度も通うのは難しい。だからこそ印象に残ることで、気持ちもつなげておく。**スケッチブックの言葉一つで、電話をすれば「おう、◯◯くん!」と言ってくれるような関係を契約した瞬間につくれるのです。

31

人と人を結ぶのは言葉

スケッチブックのいい点は、手書きであるということ。一期一会の跡を残すものとして、これほど最適なものはありません。今ではSNSでいつでもつながることができますが、会ったときの印象が強烈に残るということで、手書きのスケッチブックにはかないません。

また、彼がこのスケッチブックをはじめたときのエピソードが素敵です。

大阪支店の営業である彼は、地元のお客様から、「伊豆で娘が一人暮らしをしながら働いているんですけど、医療保険をお願いできないかしら」と頼まれて、交通費など採算度外視で静岡県に向かったのだそうです。

現地で無事に契約完了しましたが、そこで彼は考えます。

「よく考えてみると、離れている娘さんだからこそ、親御さんは心配して保険に入れたのだろう。その気持ちにもっと応えることはできないだろうか？」

単に保険契約を結ぶだけでなく、この親御さんの思いに対して、少しでもプラスアルファできないかと考えました。そこで彼の頭にひらめいたのがスケッチブックのアイデア！

さっそくスーパーまで走って買ってきました。

そこで娘さんに「お母さん、ありがとう」というメッセージを書いてもらい、それをケータイで写真に撮って、

……「娘さんはお元気でいらっしゃいます。無事にご契約いただけました」


と送ったのです。

このとき彼は、こうしたつながりというのは、お客様の素《す》のままが出てくるのでいいなと感じたそうです。それがきっかけで、契約を結ぶたびにスケッチブックにひと言書いてもらうというアイデアを編み出しました。

これがまさに伝説の「山植《やまうえ》さんのスケッチブック」の話です。

スケッチブックのいいところは、前の人が書いたものが残っているという点。前のお客様が書いたものをちらちら見ていくと、自分も何か書かなくてはと感じるのでしょう。それも効果の一つです。たくさんの人の体温も伝わるのかもしれません。

人と人とを結ぶのは言葉。たったひと言が印象を残す。そのひと言は決して自分から発するものばかりでなく、相手の言葉を引き出すことからも生まれるのですね。

32

「お願い力」がある人の〝ノーと言わせないひと言〟とは

保険会社の経営企画部にいたときは、停滞した空気を変えるため、若手や女性のアイデアを借りました。序文で紹介した「テレビ会議システムを使った生放送でのほめ大会」なども、そんなアイデアを借りた企画の一例です。

現場でたくさん仕事を抱える人たちを、本来の業務とは直接関係ないプロジェクトに無理やり駆りだすのですから、協力をお願いするのには、ちょっと工夫が必要でした。

工夫の一つは、職位、年齢、性別、業績にかかわらず、各支店や部門で一目置かれている、〝おもしろい人〟をスカウトすること。その人たちにキーパーソンになってもらって、私は黒子《くろこ》に徹して火をつけて盛り上げていきました。

もう一つは、スカウトするときに、ちょっと強引な「お願い力」を発揮したことでした。

総じてノリのいい会社ではありましたが、なにしろ、相手は若い方が多かったので、いくら上司がOKを出していても、本人が尻込みする恐れもあります。そこで、どうしたらノーを言われないかを考えたのです。

それには、職場に押しかけて、面と向かってストレートにお願いするのが一番だと考えました。余計なことで悩む時間を与えない、というシンプルな方法です。詳細な説明は、あとでメールで送るとして、職場に着いたら口説き文句は単刀直入。

……「○○さん、あなたが選ばれました!」

意表をついて、相手に余裕を与えないことがポイントの一つ。間違っても、「これこれこういう企画で、あなたをメンバーに選びたいのですが、いかがですか?」といった長たらしい説明と弱気な質問は発しないこと。

「また、そんなこと言って!」と言われたら、こう答えました。

……「いやいや、あなたしかいないんです! 誰に聞いてもそうなんですよ。○○本部長も、△△さんも、あなたにお願いすれば間違いないとおっしゃっていました」

自分以外の人の名前をプラスするのが、もう一つのポイント。それでも何か言われたら、

……「いやいやいやいや、選出完了です。おめでとうございます。初回のミーティングの日程なんですけど」

と**前向きに未来のことを持ち出す**。ここまできてノーと言った人はいませんでした。

33

「言葉＋ワンアクション」であなたのお願い力はパワーアップ

コミュニケーションは言葉だけでするものではありません。「ひと言」と同じように効果がある「ワンアクション」もあったりします。

せっかく「あなたしかいないんです！」と口説き文句を言っても、無表情では説得力「低」。大切なひと言には、その言葉がより伝わる表情、アクションをプラスします。

すぐにできて、効果バツグンなのは、セリフに感情を乗せるときに、眉をきゅっと上げること。この「アイブローフラッシュ」は、売れない営業時代に身につけたテクニックです。

いくら飛び込み営業をしても成果が上がらなかったある夏の日、たまたま入った駅のトイレの鏡に映った自分の顔に、つくづくと見入ったことがありました。そこにいる自分の表情を見て、うまくいかない理由がよく分かりました。

「ああ、こんな硬い表情じゃ絶対に売れない。この顔から買いたくないよね」

営業の研修では「笑顔をつくれ」とよく言われますが、はじめはそう簡単ではありません。気分が固まっていると、表情も固まってしまうからです。

そこで、気分がほぐれる入浴時、風呂場で鏡を見ながら笑う練習をしました。まず意識したのは、口角を最低5度上げること。これだけでも印象が大きく変わります。それ以来、お客様を訪ねるときは口角を上げて入り、笑うときもしっかり口角を上げるようにしたのです。

次に練習したのが**「アイブローフラッシュ」**です。**眉を上げると目が開きます。そして筋肉がつながっているのか、首がほんの少し前に出ます。**すると気持ちも前に出ます。

話すたびに眉を上げていたら変な人になってしまいますが、相手に伝えたいポイントなる言葉や、ここぞというときに行うと「お願い力」はパワーアップ。

また、相手の話を受けて「そうなんですか!」などと言いながら、きゅっと眉を上げるのも効果大。相手は「この人は私の言うことを理解している」「共感してくれている」と感じることでしょう。

自由自在にこうした表情ができるようになるには、毎日の「顔の筋トレ」が大切。せいぜい1分間でいいので、お風呂に入ったときだけでなく、朝起きたときにもぜひ鏡の前で行ってみてください。

34

会議が硬直しはじめたときの特効薬「ソレモアール」

前職の保険会社にいたころに、とてもお世話になったある上司には口グセがありました。その口グセは企画会議の場などで、いつも抜群の効果を発揮していると私は思い、ひそかに真似をするようになりました。その口グセとは、

……「**それもある**」

とてもシンプルな言葉で、なんだそんな口グセ？　と思われるかもしれませんが、実は効果絶大です。

その上司は、企画会議や打ち合わせの席で、部下や他の部門長がどんな発言をしたとしても、必ず「それもある」「それもあるねえ」とまず受け止めます。これは実はすごいこと。

普通の会議の場で実際にどんな言葉が飛び交っているかというと、

「そりゃ難しいよ」「悪くはないけど」「現実的じゃないね」

みなさん頭のいい方ばかりですから、判断も早く、ズバズバ斬っていってしまったりし

ます。ただ、その応酬の中ではなかなか会議は活性化せずに、出てくる結果は最大公約数のようなものだったりします。ところが、

「それもある」「それもあるねえ」

と、**しっかり受け止められると、出席者がどんどん自由に発言し、全員の脳が活性化され始めます。アイデアはどんどん広がって、とても斬新な企画が生まれてきたりします。**会議の場も、自分自身も柔軟になれます。

私はこの受け止め方を、某有名コーヒーチェーンの、有名メニュー、あったかいデニッシュに冷たいアイスクリームをのせた「シロノワール」が好物なこともあり、

「ソレモアール」

と勝手に名づけて真似をしていました。

この名づけが非常に功を奏しました。「それもある」「それもあるねえ」と言うのを自分でも忘れてしまって、会議が硬直し始めたときに、

「ああ、脳みそが疲れてきた。こんなときには脳に糖分だな。あ、そうだ、糖分と言えばアイスクリーム、アイスと言えば、シロノワール、ソレモアール!」

と思い出し、会議に出席したメンバーをもう一度受け入れることができたりします。

35

「失敗してくれ！」と願う上司

できる上司の多くは、部下に「失敗してほしい！」と願っていると言います。

どうしてそんなふうに思うのでしょう？　失敗などせずに、順風満帆でうまくいったほうがいいに決まっていると思えますよね。

その理由は、できる上司たちは、「失敗は財産だ」ということを知っているからなのです。

だから部下に「失敗してくれ！」と願うそうです。

成功者たちのほとんどは、実は「失敗の達人」です。

一生懸命に考えて考えて、実行して、9割が失敗に終わる。ただ、その失敗からしっかりと学び、残りの1割を大成功に導く。だから成功者には、強さもしなやかさもあるのです。

失敗してみないと分からないものがある。失敗が成長を加速させる。失敗でセンスが磨かれる。失敗は学びの宝庫。まさに失敗は財産なんですね。

何よりも、失敗を経験できるのは「挑戦した人たち」だけ。挑戦しないことには失敗もなく、失敗がなければ、成長もない。

だから、できる上司ほど、自分が挑戦し続けて失敗してきた経験から、部下には「挑戦」と「失敗」を体験してほしいと願っているのです。

もちろん、安全面や品質面で、失敗が許されないことを失敗しなさいと勧めているのではないことは、お分かりの通りです。さまざまな企画や開発、営業活動などで、どれだけ挑戦できるか、ということを言っています。

とはいえ、わざと失敗しようとして仕事をする人はいませんから、誰もが成功に向かって必死に挑戦します。必死に挑戦した分だけ、失敗に終わると当然、痛い。

あんなに必死にやったのに、こんな結果になってしまうとは、本当に痛い。

でも、その痛みも、あとで振り返ると「成長痛」なのかもしれません。痛いときこそ成長しているのですね。

そして、「失敗してくれ!」と願う上司たちの素晴らしさがもう一つあります。それは失敗した部下を本気で守ってあげようという、宣言をしてくれているように思えるからです。

36 リストラされた人に贈る言葉

営業の契約社員は、成績が上がらないと、契約更新ができなくて会社を去らなくてはならないことがあります。私が営業マネージャーの立場でいたときにも、残念ながら会社に残れない状況に追い込まれた人を見送ったことが何度かあります。

雇用が流動化している今日、似たような状況はどのような会社にもあると思います。そんなときに、どんな言葉をかければよいのでしょうか。

現在の仕事にうまくはまってないのは事実ですから、ありきたりの慰めの言葉や空虚なほめ言葉を投げかけても意味がありません。それまでの努力に最大限の敬意を払って、その人自身をしっかりと認める言葉をかけました。

たとえば、次のような感じです。

「あなたの実直さというのは、絶対に花開く場所がある。ここで開かせてあげられなかった自分が申し訳ないと思っている。間違いなく、そういう場所があるはずだから、そこに関しては心配しないで、次の仕事を探してもらっていいと思う」

……「心配しなくていい」

という最後のひと言には具体的な根拠はないのですが、それを心のともしびにしてもらえたらと祈るように伝えます。

営業マネージャーだったこのときは、私自身も契約社員でしたから、営業の成績は私の契約の存続にもかかわってきます。ですから、彼らの営業に同行して私が契約を決めてあげるということも、当然してきました。そうして一緒にあがいて、頑張ってやっても、うまくなじむことができず、辞めざるをえない人は出てくるものです。

営業に限らず、その人なりの長所はいっぱいあるにもかかわらず、現在の仕事にうまく結びつかないということはよくあるものです。

でも、新人のときから一緒に飛び込み営業に同行していましたから、それぞれの人の長所や素晴らしさは認めることができます。そこでの信頼関係があるので、

……「絶対に花開く場所があると思う」

と言い切ることができ、自信をなくすことはないという伝え方をします。

37

相手が思わず許したくなる謝り方

失敗したときの謝り方で、その人の人となりが分かります。

謝るときに、「すみません、すみません」を連呼するだけの人もいますが、実はこれは自尊心を守っているだけであったりもします。相手の損失を埋めてあげようという能動的な気持ちになれていなかったりすることも。確かに、相手は謝罪を求めている面もありますが、きちんとした人ならば、「そんなあなたが、これから何をしてくれるの？」「ちゃんとうちとやっていけるの、キミは？」ということを知りたいのです。そうでなければ、相手の顔も見ないで縁を切っているでしょう。

さだまさしさんの会社を辞めた直後、私が30過ぎのころ、短い間ですけれども、広告会社に勤めていたことがありました。その会社で部下だった20代前半の女性が、しょっちゅう寝坊して遅刻してくることが問題になりました。取引先からの連絡に対応できない事態も出てきて、部長はおかんむり。私と彼女を呼びつけて「どうすんだよ」と問い詰めます。

私は「すみません。今後はそういうことがないようにします」と答えますが、「そういうことがないようにって、どうするんだよ。何度目だと思っているんだ！」とそのときばかりは、型通りの謝罪では終わりそうにありません。上司である私としては、具体的な対策を提案しなくてはならない状況に追い詰められました。そこで、私はなんと答えたか？

「明日から、私が電話で起こします」ではありがちな答えです。それに上司が部下に、しかも年ごろの女性にモーニングコールでは、話がややこしくなりかねません。私はとっさに具体策を思いついて、こう言いました。

……**「明日から、彼女と私は、二人とも毎朝始業1時間前に来ます！」**

何かあったときにも私が来ていれば、その時点で対応できます。

「どれだけ続けるんだ？」

「最低1か月は続けます」

それ以後、彼女は遅刻することがなくなりました。上司を巻き込んで早起きさせることになってしまったので、さすがに身にしみたのでしょう。

この経験から、謝ることの意味が少し分かったような気がします。受け身の謝罪で終わるのではなく、未来について積極的に行動で示すことが大切だということです。

コラム

歌手のさだまさしさんに教わった「心に響く言葉のつくり方」

私がガソリンスタンドのおやじをやっていたときの話です。おそらく、どこのガソリンスタンドにも破られていないのではないかという記録がひとつあります。

それは、一日の洗車台数。一日になんと185台もの洗車をしたのです。営業時間1時間あたり平均十数台以上も洗車をしていたのですから、われながら驚きます。

なぜ、そんなに洗車が人気を呼んだのかといえば、その秘密は「言葉の力」でした。チラシに書いたひと言が、人気を呼んだのです。

生き残りの競争が激しかった業界でしたから、なんとか売上を上げようと、私はチラシをつくって店内に貼りだしたり、新聞折込したりしていました。当時は、そんなことをしていたガソリンスタンドは珍しかったと思います。

何よりも、そのチラシに書く言葉に頭を使いました。大切にしたのは、相手にピンと感じてもらうこと。いわば、**五感に訴えかける言葉を探した**わけです。

●聴く人の五感に訴えてイメージを刺激する

当時の私の車は、誰にも負けないほどピカピカでした。洗車の実験台にも使っていましたし、マニアックな性格もあって隅々まできれいにしていたのです。

そんなある日、新しく導入された「ポリマー洗車」を試したときのこと。大雨の中を運転していくと、ボンネットを雨粒がつるつると流れていきます。まあ、ここまではよくある話です。

高速道路の下に入ると、もう雨は降りかかりませんが、強い風が吹き込んできました。そのときです! ボンネットを覆っていた水滴が、ザンッという音を立てるように一瞬のうちに消え去ってしまいました。それだけ、洗車でつるつるになっていたのです。

この驚きの体験をもとに、チラシのコピーがひらめきました。

「雨の日にボンネットで雨粒が躍る。ポリマー洗車!」

これが非常に大きな評判を呼んで、ますます洗車のお客様が押しかけてくることになりました。「ボンネットで雨粒が躍る」というひと言がお客様の五感に訴えて、その情景が目の前にありありと浮かぶからでしょう。

私はコピーライティングの勉強をしたことはありませんが、こうした言葉を大切にしてきました。

なぜ、そんなことを意識するようになったかというと、おそらくもとをたどっていくと、さだまさしさんの歌に行き着くのではないかと思います。

さださんの歌の世界は、聴いている人の五感に訴えて、リアルな情景を描きだすことに特徴があります。１９８７年にリリースされた『風に立つライオン』（作詞・作曲さだまさし）という歌などは、まさにその典型です。

この歌は後に小説にも映画にもなりました。ケニアでへき地医療をする日本人医師が、別れた女性に手紙で語りかけるという形になっています。現地の人への医療活動を通して、この世界の矛盾や、人生や命について、人の幸せについて語っています。それだけでは難しい歌になってしまいます。ところが、そこに、

「空を切り裂いて　落下する滝のように
僕はよどみない　生命を生きたい」
「キリマンジャロの白い雪　それを支える紺碧の空
僕は風に向かって立つライオンでありたい」

と、アフリカの大地をいきいきと描く言葉を使うことで、聴く人の五感に訴え、魂を揺さぶる素晴らしい歌となっています。

実は、この歌をつくったときまで、さだ" さんはアフリカに行ったことがありませんでした。それなのに、まるで自分がその場にいるかのように、広々とした情景を思い起こさせるのはさすがというしかありません。

●エピソードを伝えるひと言を加える

話は前後しますが、私が大学生だった1981年、さださんは『長江』という映画を制作しました。そして、この映画のために約30億円という莫大な借金を背負い込んだのです。

私はさださんの高校、大学の後輩であり、少しでも役に立ちたいと思いました。そこで、さださんの事務所の方になにかやれることはないかと問い合わせました。

すると、「松本君、1枚でもいいから友だちにチケットを売ってくれないか」とのこと。事務所の人にしてみれば、10枚も売れたら上出来だと思われたことでしょう。最終的に185枚売りました。奇しくも、のちにガソリンスタンドで一日に洗車した台数の記録と同じです。

友人だけでなく、教授にも売って歩きました。しかも、顔見知りのゼミの教授だけでなく、大教室での授業を受けただけの一般教養の教授にまで売り込んだのですから、われながら度胸がすわっていました。

さださんは、私が通っていた國學院大学の先輩ではありますが、だからといって、単にチケットを買ってくださいと言うだけでは相手にされません。

そこで私は、さださんと自分との縁を紹介したあとで、さださんが映画『長江』を撮るにいたったロマンとエピソードを伝えるようにしました。

さださんの家と中国大陸とは縁が深く、戦前にお祖父さんが中国に渡って現地で暮らし、諜報活動をしていた時期もあり、またお父さんも戦争で中国に行って、数多くの仲間を亡くした話を聞いているために、さださん自身にも思い入れが深いのです。親たちの過ごした物語を、自分のルーツのように感じたこともあるのでしょう。

そんな背景があり、揚子江《ようすこう》のダム建設によって消えていく沿岸の風景や生活を記録する映画をつくってほしいと、中国政府から提案があったときには、採算を度外視して迷わず手を挙げたのです。ＮＨＫやイギリスのＢＢＣなど、世界の著名な放送局や組織も応募するなかで、その思いの強さで、さださんが制作を請け負うことになったのです。

「そんなさだまさしを応援したいので、１枚でもいいから買ってください！」

と、友人はもちろん教授の方々にも話を持ちかけました。

エピソードは人の心にたくさんのイメージを描きます。そうした具体的なイメージが心に浮かぶような話をしたことが、いい結果につながったのだと思います。

3章

「自分にかける言葉」があなたをアップグレードする

――「理想の自分」に書き換える方法

38

「なぜできないの？」は人の成長を止める言葉

たったひと言を自分に投げかけただけで、自らの人生を劇的に変化させた知人がいます。もとは大きな美容チェーン店のマネージャーで、かなりの数字を上げていました。その方が20代後半になって独立し、2人の女性スタッフと新しい美容室を開いたのです。

ところが、新しい美容室を開店してからたった2日後に、その2人が辞めてしまったのです！　驚きますよね。彼も驚いて理由を聞くと、「社長のやり方にはついていけません」。

彼は、ふた言目には、「なぜできないの？　こんなこと当たり前だろう」という言葉を口にしていたといいます。部下に限らず、子育てでも、**「なんでできないの、この前言ったでしょ、わかるでしょ」というのが、人の成長を止める三大言葉**。実は、独立するときに彼に付いてくるスタッフがいなかった理由は、そこにあるかもしれません。

3人で始めた店ですから、そこそこの大きさの美容室です。一人ではいくら頑張っても店は立ち行きません。まさに絶体絶命。進退窮まったときに、ようやく「僕が変わらなくちゃいけない」と思ったといいます。

そこで思い出したのが、以前誰かから聞いたというひと言。「部下は教えたとおりにできないもの。だからこそ、自分はどういう教え方をしたらよいのかと問い直しなさい」と教えてもらったことが、よみがえってきました。

この「だからこそ」のひと言を自分に問いかけることで、彼の人生は大きく変わったのです。**自分を変えるには言葉を変える。**それが誰にでもできる簡単な方法です。

彼は、もう一度美容師を募集して、やり直すことにしました。そして、スタッフに対して「なんでできないの？」と口に出かかったときには、「だからこそ」と自分に問いかけるようにしたといいます。

……………

「この子は私が教えてもできない。だからこそ自分の教え方を変える必要がある」

「何度言ってもわからない。だからこそ自分はどういう伝え方をしたらよいのか」

すると、自然と指導の方法も丁寧になり、何よりご自身に笑顔が増えてきました。スタッフとの関係も大きく様変わりして、その後はほとんど人がやめない美容室になったといいます。もちろん、経営も順調になりました。現在、札幌や江別に店舗展開し、スタッフの笑顔が絶えない素晴らしいサロンになっています。

39

自分を進化させる「ひとりキャンペーン」

私が保険会社の契約社員で営業マネージャーだったころ、上司からこんなことを言われたことがあります。

「松本さんて、進化する50代ですよね。かっこ四捨五入ですけど」

かっこ四捨五入というのは、私はまだ実際に50代になっていなくて、47歳くらいだったからです。その上司は、だいぶ年下の30代半ば。とても仕事ができる人でした。ただ、その年齢の上司から見たら、私ははるか年上で、ほぼもう50代のくくりに入っていたのでしょう。

でも私は、そんなおじさんであるにもかかわらず、私がいた部門で「IT大臣」と呼ばれたりしていました。パワポや動画ファイルを駆使して、まだ2、3年しか経験していない損害保険のノウハウを、全国の新人営業のために発信し始めたりしていました。それを見てその上司は、驚きを表すことでほめてくれたのだと思います。

そのころ、私が進化できたのには、実は理由があります。

50代かっこ四捨五入、しかも前職はガソリンスタンドのおやじ、ですから、そんなに簡単には進化できません。そこで私がしたのは「ひとりキャンペーン」。

これは業務的なことに限ったものではないのですが、**毎月自分でテーマを決めて、誰にも言わない、ひとりだけのキャンペーンを張ります。**

「笑顔20％増量キャンペーン」

「ビジネス本、重点読書キャンペーン」

「パワポの見やすさ3倍キャンペーン」

決めたテーマは付せんに書いて、デスクや手帳に貼っておきました。キャンペーン中だということもすぐに忘れてしまいますが、付せんを見て思い出しては、行動します。

いいおじさんが恥ずかしげもなく、と思われそうですが、いいおじさんだからこそ、そのくらいしないと変われません。

「人は変われる。いくつになっても人は変われる。10年あれば必ず変われる」

私が尊敬する社員教育コンサルタント、朝倉千恵子先生に教えていただいた言葉です。

先生の言葉を信じて、これからもキャンペーンを張っていきます。

40

愚痴ばかりの毎日「やめます」宣言

人って、なかなか変われないものです。変わらないよさももちろんありますが、変わらずにずっとしんどい思いをしている方もいたりします。

私には30年以上つき合っている友だちがたくさんいますが、明るい人はずっと明るいまだったり、会うたびにネガティブな発言をして、眉間にシワを寄せている人は、ずっと眉間にシワを寄せたまま、人生を送っていたりします。

でも、人は変われるものだ、という体験があります。

私の学生時代の後輩で、飲み仲間のひとりである女性。頭はいいし、よく喋るし行動的ですが、いかんせん愚痴《ぐち》ばかり。飲むときなんかにも、

「ようやくあの上司が異動したと思ったら、今度はこんな後輩が入ってきちゃって……」

「せっかく私がこんな提案したのに、会社ではこの感覚が分かる人いなくって！　まったくセンスないのよね！」

そのころはまだ私もほめ達でなかったので、「そうなんだぁ」と最初は彼女に合わせて聞いていましたが、最後は愚痴疲れしてきて、「じゃ、帰ろうか」なんて具合に退散したりしていました。

数年前のこと。3人くらいで飲んでいたときに、彼女が突然私に聞きました。

「松本さん、タバコやめたんですか?」

私は「次男が生まれたときに、長男にやめると宣言してやめたよ」と答えると、

「ふーん、そんなんでやめられるものなんだ〜」

と、妙に神妙な顔。そしてしばらくして彼女は、とんでもないことを言い出しました。

「私も、やめる。私、不幸をやめる!」

……

いきなりの発言に、「何それ?」と聞くと。

「だって、松本さん、いつも私にネガティブとか言ってたじゃない。タバコだってやめられるのなら、不幸だってやめられるわよ。愚痴もイヤになってきた」

驚きの展開。彼女は愚痴を「やめられないタバコ」のように感じていたのかも。

その後どうなったと思いますか? はい、彼女の愚痴が、だいぶ減ったのは間違いありません。言葉に出して、宣言することの効果を感じた出来事です。

41

自分を「ダメだ」と思わない、「こんなもんだ」で終わらせない

昔、新人の営業で、一日70件ほど飛び込み訪問をしても、まったく結果が出なかったころ、「ああ、今日も売上にならなかった」「ああ、俺ってダメだ」なんてことをよく思いました。

そう思っている人に、多くのお客様からの「評価」や「信頼」を集められるはずがありません。さらにモチベーションを下げ、行動が鈍ることになるでしょう。

反対に、自分をアップグレードしていくことで、自分を評価し、信頼してくれる人が必ず増えていきます。

多くの人に評価され、信頼を集め、成功している自分を想像してみてください。仮に、その成功している自分がバージョン10・0だとしたら、今の自分は、バージョンいくつでしょう？

えっ、バージョンが違いすぎる？　そんなあなたは「ラッキー！」。未来の自分と今の自分とのギャップは、すべてノビシロなのです。

たとえば、バージョン3・0から10・0に一気にアップグレードするのは難しいですが、昨日3・01だった自分を、今日3・02にバージョンアップすることはできるでしょう。**昨日と少しだけ違う自分になる。この積み重ねで、自分は間違いなく変化していきます。**

そのために大事なことは、まずは、無意識のうちに自分にかけている言葉を意識して変えること。

自分自身を「ダメだ」と見切りをつけたり、「こんなもんだろう」で終わらせた瞬間に、自分の成長は止まります。

……「今日から自分をアップグレードする！」

そんな言葉を自分にかけてみてください。

自分がバージョンアップをし続ける限り、結果はあとから間違いなくついてきます。自分のバージョンに応じた信頼や評価が間違いなく高くなります。そう、間違いなくです。

42

「人にほめられている自分」にかけられる言葉を想像してください

第一印象の善し悪しで、話を聞いてもらえる確率が変わるというのは、どんな仕事をする人にとっても共通です。

そして、新規営業でもっとも優先すべきことで、**もっとも簡単にアップグレードでき、もっとも効果が大きい**ことも第一印象なのです。

私が駆け出しの営業として、ひたすら歩きまわっていたころは、靴は見るも無残なほどボロボロでした。ふと近くにいた人の靴を見るとピカピカ。自分の靴をもう一度見て、「これじゃ、お客様の印象が悪いよね」と理解しました。自分の靴を初めて客観的に見ることができ、そこで悟ったのです。

自分の基準で見るのではなく、他人の目で自分の靴や身なりを見たところを想像して、それで判断すればいいのではないか。つまり、**ゴールから考えた**のです。

ですから、初対面の人に会う前には、相手から第一印象を「ほめられている」「ゴールをイメージして、自分自身に声をかけるのです。

たとえば、「松本さん、靴がピカピカですね」と言われるような靴の磨き方にすればいいのです。人と会う前の指さし確認です。

……………………

「○○さん、ネクタイの結び方がいいですね！」

「○○さん、姿勢がいいですね！」

「○○さん、きれいな手をされてますね！」

「○○さん、シャキッとしたスーツですね！」

もちろん、初対面の相手に限りません。

「○○さんはいつも時間通りにいらっしゃいますね！」

「○○さんの笑顔は、落ち着きますよね！」

…………

と言われていることをするのも効果大。

こんなふうにほめられたら、と思う自分に、少しずつ少しずつアップグレードしていきましょう。

43

ほめ言葉は「相手は自分のどこを評価しているか」を教えてくれる

「靴がピカピカかどうか、爪がきれいかどうかなんて、そんなに気にしている人がいるんですか？」

営業トレーナーをしていた時代、新人さんにそう聞かれたことがあります。確かに私自身も、常に他人の靴や爪を見ているわけではありません。でも、きちんと見ている人がいるということに、ある「ひと言」で気づきました。

……

「松本さん、爪をきれいにされてますすね」

と言われたときのことです。そのときは、ほめられてうれしくなり、「ありがとうございます」と答えたのですが、あとになって背筋がゾクゾクとしてきました。

よく考えてみてください。しっかりと見ているから、ほめてくれるのです。違いに気づいているのです。だったら、汚い爪にも気づいているでしょう。

ここまで見る人がいるということは、爪が伸びていたり、爪の先が薄汚れていたときに、

「ああ、この人の爪は嫌だ！」と気づく人がいるということを意味しています。

でも、「汚いですね」と言う人はいません。そう、**何も言わないからといって、相手は見ていないわけではない**のです。もちろん、爪だけではありません。靴も姿勢もシャツもみんな見られていると考えるべきでしょう。

お客様の何気ないほめ言葉が、私を変えるきっかけとなってくれました。

余談になりますが、私は、**「ほめる」とは一般にいわれる「称賛すること」だけではなく、「相手を観察し、価値を発見すること」**だと考えます。相手にいくら称賛されても、うれしく思えず、心に刺さらず「本当にそう思ってる？」と感じることもありますよね。

たとえば、「まっちゃん、最高だね！」とほめられても、「どこが？」と言いたくなることもあります。

大切なのは、「自分のことを見てくれているな」と相手に思ってもらえること。それができれば、言葉は上手でなくてもお互いに心を通じ合わせることができ、相手にもあなたにも必ずプラスの結果がもたらされるはずです。

44

「この人は私にとって重要な人だ」と言い聞かせる

人間関係は鏡のようなもの。こちらが笑顔なら、向こう側も笑顔。最初から心を開いて接することで、相手も心を開いてくれます。

本当は気安く話ができる人なんだろうなと思っていても、初対面の印象が硬ければ、いつまでもそれがつきまとってしまい、なかなか打ち解けることができないものです。

そこで、たとえば、

……

「この人は、将来にわたって私にとって重要な人だ」

と態度を決めて会うと、不思議なことにそうなりやすいのです。

営業のように、こちらの側から関係を築きたい場合にはとくに、最初に態度を決めておかないと、どうしても様子をうかがう話し方になってしまいます。

失礼のないようにという気持ちが強すぎるために、よそよそしい言葉づかいになってしまうからです。

「御社にとって最も適切な御提案を設計して、是非御高覧頂ければと」

なんだか漢字だらけですね。すると、相手もカクカクしたあなたの言葉に合わせた態度になり、こちらの出方をうかがうこととなり、うまくいっても駆け引きになってしまいます。いったん駆け引きになると、なかなか打ち解けた関係にはなりません。

では、どういう距離感がよいのかというと、おすすめしたいのが「めったに会わない親戚のおじさん」との関係です。

めったに会わないので敬語を使って話しますが、親戚のおじさんですから気心が知れています。初対面の人とは、そんなイメージで話すようにしていました。

「本当にお伝えしたいご提案があります！　ぜひお時間いただけますか？」

なれなれしくもなく、よそよそしくもないという適度な距離感で接すると、相手も心を開きやすいのです。

45 会う前に態度を決めておく大切さ

「会う前に態度を決めておく」というのは、ほめ達でも言われていることですが、私が保険会社にいたときに実感として学んだことでもあります。

それは、営業の契約社員として5年間を経て正社員となり、大阪に単身赴任したときのことです。ただの異動じゃないかと言われるかもしれませんが、そうではなかったんです。

私の新しい任務は、近畿・中部・北陸エリアのすべての営業たちを育てるという仕事。契約社員から正社員になっただけでなく、なんとそれまで雲の上の人だったオフィスマネージャークラスの人たちと、いきなり同格で仕事をする立場になったのです！　いわば二階級特進！「松本さん、珍しいんだよ！」と上司に念を押されました。

これはビビります。あとで聞いたところ、異動先の人たちもビビッていたとのこと。「50歳で正社員か！　それでいきなりエリア全体のトレーナーか！」ということで、いったいどんな得体のしれない男が来るのかと思っていたのだそうです。

そんな状況で私はどうしたかというと、支店長をはじめ、クラーク（事務職）の方まで、自分がこれから一緒に働くことになる１００人ほどに向けて、一斉にメールを出しました。

「関西は昔から大好きなのですが、そこに飛び込むことに少しビビッています。ですから、やさしくしてくださいね」

…………

最後にはいつもの調子で、

「バンバンこれからお世話になります！」

……

と締めくくった感じです。**「バンバン」というビジネスメールではあまり使わない擬音語を使うのがミソ。**これだけで、明るく元気で少しおかしなパワーを１００人もの人に届けられるのです。

この**たった1通のメールのおかげで、私が実際にエリアのトレーナーとして赴任したときには、すでに私を迎えてくれる温かい空気ができていた**ように感じられました。

どこに行っても「ああ、あのおかしなメールの松本さん」「あのメール、おもしろかったです」と笑顔で迎えられたのです。

確かに、前職がガソリンスタンドの店主という、話題の変な経歴の社員から、「やさしくしてね」というメールが来たら驚くかもしれませんね。しかも、50歳！　ですから。

46

「好き」を上書きするマネージャーの発想法

新婚当初は情熱的な色をした夫婦の愛も、いつしかグラデーションのように色を失ったりします。わが家も結婚からン十年。でも、楽しくやっている秘訣があります。

キーワードは**「マネージャーの発想」**。

かつて、さだまさしさんのマネージャーをやっていたことがあるのは、すでにお伝えしました。ファンの方もマネージャーも、さださんが好きというのは変わらないのですが、ちょっとだけ違うポイントがあります。

ファンの方の「好き」というのは、「私、あなたが好きだ」「さだまさしさんが好きだ」というフンワリしたものでもいいわけです。

一方、マネージャーの「好き」は、「私は、あなたの○○が好きだ」「さださんの△△なところがいい」というように、具体的な点に着目した上で好きなのです。そして、この○○や△△を24時間、365日探し続けているのがマネージャーであって、見つけたならばそれをファンの方にお伝えするのが仕事なのです。

そして、この「○○が好き」をいくつも見つけられると何が起きるかというと、それまでの「好き」を上書きできるのです。

このマネージャーの発想を家庭に持ち込むのが、家庭円満の秘訣。

単に「あなたが好きだ」「君が好き」と言うだけでは、3年5年と経つうちに、いつのまにか、「そんなこと言ったっけ?」となりますね。これが倦怠期《けんたいき》の入口、ですよね?

でも、「私はあなたの○○が好きだ」というポイントを次々に見つけていけば、**常に新鮮な発見ができ、好きという気持ちをどんどん上書きできる**というわけです。

わが家では、妻に対して、明るい、笑顔、一生懸命動くなど、好きだと思うたびに上書きしています。もっとも、それだけでは長くはもちませんから、ささやかなこと、どうでもいいことも加えていきます。たとえば、

「柔軟剤選びが好き」

「声が無駄なくらいに大きいところも家が明るくなっていいよね」

「今日の弁当の盛り付けは、デザインはさておき、いろいろな品目があってよかったね」

といった具合。今日からぜひ、試してみてください。

47
減点法ではなく加点法で見る

結婚したばかりのころは、結婚相手が100点満点に見えます。ところが、時間が経つにつれて減点が進んでいくのが世の習い。

片づけができない、服はいつも脱ぎっぱなし、音をたてて食べるのが嫌など、ここが嫌、あそこが嫌ということで、どんどんと減点を積み重ねていくと、3年もすると合格点を割り込んでいってしまいます。減点法で相手を見てしまうからです。

同じく減点法で見てしまうのが子どものテスト。90点もとって、ほめられるかと思って親に見せたのに、「なんでこんな簡単なとこ間違えたの。もったいない」などと言われてしまいます。親は**できてないところに目がいってしまう**。

でも、減点法ではなくて、加点法で見てあげませんか。おぎゃあと生まれて、何もできなかった子が、そこまでできるようになったことを認めてあげる。そこから先は伸びしろとして、もうどんどんどんどん伸ばしていってあげればいいのです。

以前、「ほめてほしかった」という小学校1年生の女の子の詩が新聞で紹介されて話題になりました。

夏休みのある日、朝早くから宿題をして、予定した分をみんなやったので、お母さんにきっとほめられるだろうと期待して、にこにこしながら母親に見せたところ、ほめられるどころか「土曜日の分もやりなさい」と怒られて、泣いてしまったという詩です。

親としては、期待や責任もあるから、一つできたら次、また次というようにやってほしがるのでしょう。しかし、現在のレベルに到達するまでにかけた時間や努力は大変なもの。次、次という前に、まずそこを加点法で見てあげたいものです。

できたことを加点法で見てあげて、

「ここまでできたんだね。がんばったね。じゃあ、次はこれをやってみよう」

……と伝えるのがいいと思います。

相手のマイナスばかり見ていると、自分の気分もどんどん落ち込むばかり。フォーカスをプラスのことに合わせることで、あなた自身の精神衛生上にも間違いなくよい結果をもたらすはずです。

子どもたちは、ただただ親に喜んでもらいたいのです。それを忘れないでください。

48

自分の中で「いいね！」ボタンを押しまくれ

減点法をしがちなのは、学校や家庭だけでなく会社でも同じこと。しかも、テストの点数なら100点と0点の幅に収まりますが、会社では「これもできないの」「あれもできないの」と次々に減点されてしまい、0点を切ってマイナス何十点という評価になることだってあります。

でも、それを逆に見て、「あなたって、これもできるんですね」「これもできるんだ」と加点していけば、青天井です。300点にでも400点にでもなります。そういうふうに、見てあげたいものです。

ところで、すべての人が加点法で語られる日があります。いつだか分かりますか？

それは、お葬式です。たとえば、おじいちゃんがなくなったあと、おばあちゃんが、

「あの人は、頑固だったけれども、やさしいところがあったね。私が熱を出して苦しんでいるときも……」

というような話をよく聞きます。一つひとつよかった点を思い出しながら、加点していくわけです。もちろん、亡くなられたときに、頑張って生きたその人の人生をたくさんほめてあげることはとても大切。その人生を称えてあげたいですよね。

ただ、まだ生きている人なのであれば、お葬式までほめ言葉をとっておかなくてもいいですよね。

ほめるコツは、SNSの「いいね！」ボタンを押す要領です。ちなみに、英語版で「いいね！」ボタンは何と呼ぶかご存じですか？　それは「Ｌｉｋｅ！」。

つまり、**「それ好き！」という気持ちで、自分の中で相手に「いいね！」ボタンを押せばいい**わけです。もちろん、自分に対しても「いいね！」を押してあげましょう。

ここで大切なのは、他の人と比べないということ。ほかの人よりも、うちの奥さんが素敵だとか、料理が上手だとかを考えるのではなく、自分がそう思えればいいだけです。そう、主観で「それ好き！」と決めてしまうことが大切。客観的に見て好きとか、ほかの人に比べて素敵だなんて考えることはありません。

主観でプラスに押しまくることが大事。主観で言い切れば、欠点に見えるようなところも明るく受け取れます。そしてそのうち、本当にそう思えてくるものです。

49

ほめるのが上手な人は「ほめられ力」も強い

「素敵な名刺ですね」「背筋がピンとしていますね」――こんなふうに人からほめられたら、なんと返事をしますか？

「いえいえ」と謙遜してしまう人が多いのではないでしょうか？　もしそうだったら、今日からでも「ありがとう！」「ありがとうございます」に変えましょう。

ほめ言葉というのは、相手が言葉を選んでギフトとして言ってくれているものです。それを「いえいえ」と言うのでは、プレゼントを突き返すようなもの。携帯電話の着信拒否と変わりません。

ほめてもらったら、「ありがとうございます」というのが、その人に対する礼儀であって、そう言われれば相手も言ったかいがあったと思うことでしょう。

実は、人からほめられたときの対応――つまり**「ほめられ力」が強い人は、自分を肯定できる人であって、自分を肯定できるから他人を評価することもでき、自分を冷静に見つ**

めて高めることもできるのです。

逆に、**「ほめられ力」が弱いと、人のよさを発見することができず、結局、自分を高めることができなくなってしまう**場合もあります。

それを痛感したのは、ボランティアのような形で就職支援の講義をしたときのことです。学校を卒業したけれども就職できない若者や、一度は就職はしたけれども辞めてしまって再就職できていない人に対して行う公共のサポートです。

そこで気になったのが、若者たちが「ほめられるのが苦手」なこと。なかには、ほめられると動転してしまう方もいました。彼らのまわりに、ほめてくれたり、向き合ってくれる大人が少なかったのかもしれません。

日本人には、称賛されるのが苦手な方が多くいます。幸せホルモンと呼ばれるセロトニンの量を調整するセロトニントランスポーターに差にあると聞きました。だから「ほめられ下手」は日本人らしいともいえます。でもそれも傾向の話で変えられるとか。

むしろ、ほめ慣れていない今までの日本の文化、に問題があったのではないかと私は考えています。当たり前のように相手を受け入れたり、認めたり、応援できる社会、「ほめる国、ニッポン」になれば、「ほめられ力」もしっかり上がっていくと考えます。

50 「なんでもできる人」と思われた裏にあったひと言

自慢話で恐縮です。こんな最高のほめられ方をしたことがあります。私が直接ほめられたのではなくて、エレベーターの中での噂話をたまたま上司の女性から教えてもらったものです。その上司は関西人で、会社で唯一私を「クン」「あんた」と呼んでいました。

「松本クンさあ、あんたがあちこちで認められていく理由が分かったわ！ さっき、エレベーターに乗ってたら、ほめられてるのよ。あんたが」

それによると、事務職の女性たちが、「松本さんに頼むとなんでもできちゃうのよね」と話していたのだとか。「ああいう噂って、けっこう広がっていくのよね」

いやあ、痺《しび》れるくらい、うれしい話でした。

なぜ、私が「なんでもできちゃう」という噂が広がったのかというと、こんなことがありました。経営企画部に入った私は、社内イベントを盛り上げようと定期的にメルマガ（メールマガジン）を全社員に送ることを企画しました。

効果を上げるには、目を引く素敵な写真をトップにドーンと据え、キャッチコピーと短い文章といった雑誌風にするのが一番と考えて、システム部の方に相談しました。

「たとえば、メールを開くといきなり写真がパッと出るような仕掛けにはできませんか？」と質問したのですが、「全社員がＨＴＭＬメール設定じゃないし、セキュリティの問題もあって……」という回答でした。

「できません」と言われれば、通常、「しかたがない」とあきらめるところかもしれません。

テキストのメルマガにして、画像はせいぜい添付ファイルにするところでしょう。でも、それでは次々に届くメールの中に埋もれて、忙しい保険会社の社員には一読もされない恐れがあります。そこで**不可能を可能にする魔法の言葉**がこれです。

……**「では、どういうやり方なら実現する可能性がありますか？」**

ここから雑誌風の見た目の軽い画像ファイルにするという常識外の解決法が生まれました。わざわざ読もうとしなくても、プレビュー画面でワッと「キャンペーンがはじまりました！」と画像が飛び出すしかけです。

これでみんなの度肝を抜いたことから、「お金もかけず、仕組みもいらず、なんでもできるよな」という変な自信を得ました。

51

「じゃあ、どうしたらいい？」の自問自答があきらめない心を生む

会社のみんなを驚かせたメールですが、もちろん一人でできたわけではありません。一度は断られたシステム部の方が丁寧に対応してくださり、相談しながら練り上げたものです。

私に「いいね！」な点があるとすれば、あっさり引き下がらないで、しつこく解決法を考えていくことでしょう。どちらかと言えば壁にばっかりぶつかって生きてきたタイプかもしれません。すべての壁は、壁のふりした成長の扉ですね。

私は、**一つのことがダメだったら、**

……「じゃ、どうしたらいいの」

とひと言自問自答して、別の方向から考えるような癖をつけています。

これを苦にせずできるようになった背景にあるのは、駆け出し営業時代の飛び込み営業です。ピンポンと押しても門前払いが続いて、話をひと言聞いてもらうだけでも大変。来

る日も来る日も足を棒にして……。当時の苦労を思い出しては、その後は「なんて幸せなんだ」と仕事をしていました。前にも述べましたが、一日に70件も断られるような経験があったので、一つのことを断られても、「じゃ、どうしたらいいの」と別のことに考えを巡らせることが苦ではなくなりました。

相手だって、あなたが憎くて断るわけではありません。たまたま事情が許さなかったのか、タイミングが合わなかったのかというくらいに考えるのがいいと思います。それよりも大切なのは、未来を見ることです。

未来が見えてさえいれば、ただそこへ向かっていけばよいだけなので、「面倒くさい」という言葉は出てきません。今回の件でいえば、「頑張っている忙しい社員の皆さんに見てもらい、喜んでもらう」という未来が見えていましたから、そこに向かっていくだけでした。

「じゃ、どうしたらいいの」と自問自答したからこそ、「メール自体を画像ファイルにして、プレビュー画面で見られるようにできませんか」というアイデアが思い浮かびました。

思いついてみるとたいしたことじゃなかったりします。壁が開くときには、意外と軽い扉だったりするものです。

52

目の前が真っ暗になっても、歩き出せるひと言

私がさだまさしさんの会社で働いていたころ、コンサートで楽器を担当していた三浦浩さんという後輩スタッフがいました。

いつも笑顔で上機嫌。ご自身もギターをプロ並みに弾く人で、何十本もあるさだまさしさんのギターの管理や、バンドの楽器のセッティングを完璧にこなしていました。

私も素人レベルながらギターを弾き、一時期さだまさしさんのギターの弦の交換を担当したこともあり、三浦さんとは気が合い、後輩ながらいろいろ教えてもらっていました。

私がさださんの仕事をやめてから、三浦さんとお会いすることはなかったのですが、噂で聞いたのは、大けがをして車椅子生活になったらしいということ。

昨年SNSを通じて、三浦さんと再会できました。友だちの友だちというつながりで、見つけることができたのです。

彼のタイムラインには、相変わらず、いや、あのころ以上の笑顔の写真がたくさんアッ

プされていました。「元気なんだな」と安心しながら、写真を見ていくと、やはり車椅子に乗っていました。

「そうか、やはり大けがをしたんだな」

ショックに思った私の気持ちは、その次の瞬間、驚きに変わっていました。

なんと、彼はパラ・パワーリフティングのジャパンカップで優勝し、さらにリオ・パラリンピックで5位に入賞されていました！

彼が大けがをしたのは、30代後半。スポーツもしたことがない彼が、40歳を過ぎてからパラ・パワーリフティングを始め、52歳でパラリンピック入賞！

彼は事故のあった直後に、医師から「もう足は動かない」と告げられたそうです。普通ならば目の前が真っ暗になるようなそのときに、彼自身がつぶやいた言葉で、彼の気持ちは前に進んだといいます。

…………

「足が動かない。じゃあ、次に何ができるか？」

「足が動かなくてできないこともあるが、できることもある。できることをやる」

自分に投げかけるたったひと言が、世界トップレベルの自分をつくってしまう力を生み出す……偉大すぎる後輩のひと言に、震えるほどに感動を覚えました。

コラム

メールの「！」マークは「人に向いている」という印

仕事でメールを出す機会が多い人は、自分を高めるチャンスです。なぜなら、業務メールには、あたりさわりない言葉だらけだからです。

だからこそ、そんななかに相手を思いやるひと言を挟むだけで、相手が受けとるインパクトは絶大！

「でも、定型の書式でたくさんのメールを処理したほうが、労力も時間もかからなくて効率的ではないか。節約できた時間で創造的な仕事をしたほうがいい」という考え方もあるでしょう。そういう意見もあって、もちろんいいと思います。

でも、メールにひと言加えるだけで、全然違う世界が見えてきたり、新しいチャンスが訪れたりすることも事実なのです。

私が保険会社を退職するときに、お世話になった社内の200人ほどに、ご報告のメールを出したときのことです。返信にたくさんのいい言葉が送られてきたのですが、なかには、私がほめた覚えがないのに、「松本さんにはいつもほめていただいて感謝しています」「いろいろとサポートしてくださりありがとうございます」という言葉を多くの方からいただきました。

社交辞令も含まれているのでしょうが、それにしてもあまり接点のない方からも、そんな返事がきて驚きました。せいぜい、その方の支店に1回行っただけとか、メールを数回送っただけという方も数多く含まれていたのです。

考えてみるに、私のメールの「熱」が伝わるからではないかと思います。

「いつもお世話になっております。経営企画部の松本です。先日お話した件ですが……」

というのが通常のメールだとすると、私は次のように書いていました。

「いつもお世話になっております！　いや、こないだも本当にびっくりするくらいうれしい対応をしていただいて、とても感謝しています。ありがとうございました!!」

こうしたメールが相手の記憶の中で、深い印象となって残っていてくれているのかもしれません。そんなひと言が、相手に対する励ましになるだけでなく、巡りめぐってどこかで自分のためにもなっていたのだなと強く感じる出来事でした。

ちなみに、「松本さんのメールは！が本当に多いですね」とよく言われます。相手とのやりとりが二度、三度と繰り返されていくうちに、「！」をバンバン使うようにしているからです。もちろん、意識しています。

「お世話になっております。さっそくのご対応ありがとうございました」

「お世話になっております！　さっそくのご対応ありがとうございました！」

前者と後者のメールを比べてみると、「！」をプラスするだけで、体温がぐっと高まる感じがしませんか。また、ビジネスライクな前者のメールと比べると、差出人の視線が「仕事ではなく自分に向けられている」という感じがしませんか。さらにいえば、「用件を済ませればいい」ではなく、「あなたに向き合いたい」という気持ちが感じられます。

こちらが相手に向き合えば、相手もこちらに向き合ってくれるようになるものです。仕事に向くより、人に向く。

仕事相手との人間関係を構築する第一歩として、「！」は大きな効果をもっているのです。

4章

どんなピンチも乗り越えられる「言葉の力」

――「崖っぷち」を楽しむ人、苦しむ人のひと言の違い

53 ゴタゴタが起これば「来た来た来た！」成功の狼煙が上がった！

会社内でも母校の同窓会でも、大きなイベントを開こうとすると、必ずどこかでゴタゴタが発生したりします。ゴタゴタの内容は千差万別で、二次会のお店選びだったり、思い入れの違いだったり、ささいなことで暗礁に乗り上げて、「何かおかしくない？」「どうしてそれに決めたの？」といった声があちこちから噴き上がったりします。

でも、そんなマイナス意見が出てくると、ニヤリとする私。

「おおお、イベント成功するよ、これ！」

……

それを聞いた周囲の人は、何を言ってるんだという顔をしますが、イベント前のゴタゴタは必ず発生するもの。出ないほうがおかしいのです。

私はどういう巡り合わせか、高校の同期会やら同窓会やらの幹事をずっとさせられており、社内イベントの仕切りなどもずいぶんしてきました。

たとえば、高校では50歳になったときに、同期生全員に声をかけようということで、行方不明者を含めてすべてをリストアップしました。マンモス学校だったので、同期生は約600人。かなり大変な作業でした。

幹事は女性ばかりで、男は私一人。ハーレム的なよさの半面、同窓会が迫ってくるにつれて、あちこちで穏やかならぬ声が上がってきました。「ケータリングのメニュー、これでいいの？……」なんてささいなことから転がるたびに大きくなる雪だるま。

でも、これで成功するぞ！　と確信できました。私にとってはマイナス意見が成功の合図のようなもので、心のなかでこう叫ぶのです。

……「来た来た来た来た！　成功の狼煙《のろし》が上がった！」

もめないとしたら、それはおざなりに進んでいる証拠です。みんな真剣に取り組むと、お互いがぶつかりあったりすることも当たり前。20人程度の飲み会ならいいのですが、何百人もからんでくると必ずもめます。逆に、もめないのが不自然。

ぶつからずに、ふわふわしたまま最後までいくと、印象に残らないイベントになってしまったり、本番でゴタゴタが発生することも。イベント準備は、もめてなんぼですね。

54

ピンチを脱する魔法の質問「これは何のチャンス？」

崖っぷちのピンチに追い詰められたとき、私が自分自身に問いかける魔法の質問のようなひと言があります。

……「これは何のチャンス？」

疑問形になっているところがミソ。よく言われる「ピンチはチャンス」は、脳が動かないので、他力本願のようなものかもしれません。これとはまったく違います。

「これは何のチャンス？」というのは脳に対する質問です。前に進めるひと言。脳ミソの回転数を上げ、逆境を乗り越える「答え」を自力で考え出すようになります。目の前のピンチから逃げようとせずに、正面から逆境という山を乗り越えることで、その向こうにチャンスの光の筋が見えるという方法です。

たとえば、「上司が理不尽な指示を出してきた！」「見たかった番組を家族のミスで録画に失敗した！」というピンチなら、どういうチャンスに変えられるでしょうか。

上司の理不尽な要求なら、私のことを信じられないくらい高いレベルと思ってくれていて「自分が成長するチャンス」だと受け止めればいいですし、録画に失敗したら、「テレビなんて見ないで一家団欒《だんらん》で食事をするチャンス」「みんなで集まって録画の方法を勉強するチャンス」など、いくらでもチャンスに変えることができます。

「そんなの無理！　そうは思えない！」と反論する人もいるでしょう。

なぜ、そう思えないのかというと、何かよくない出来事が起きると、私たちは必ずそこに感情を入れてしまうからです。感情が入った瞬間に、もう冷静ではいられません。本当は成長するチャンスなのに、その能力にブレーキをかけてしまうのです。

感情さえ入れなければ、私たちにはピンチをチャンスに変換する力が備わっています。もちろん、最初の段階で感情がある程度動くのは当然ですが、「こう言ったじゃないか！」「なんでそうなるの！」といつまでも感情的なままでは解決策は見えてきません。人間関係をこじらせるだけです。

感情から少し離れて、冷静に状況を見つめてみると、結構、解決策は出てくるものです。そのきっかけをつくる自分への質問が「これは何のチャンス？」なのです。

55

「困った、大変だ」と言っても始まらない

仕事を何十年もやっていると、「失敗してお客様を怒らせてしまった！」というピンチは必ずやってきます。そんなときも、「これは何のチャンス？」と私は考えます。

人を怒らせておいて、「何のチャンス？　って失礼でしょ？」と思えるかもしれませんが、ただただあわてて謝るばかりでは、この出来事で自分を成長させることができません。

自分が成長できなければ、お客様にまた同じようなご迷惑をおかけすることもあるかもしれません。

また、お客様に謝って、その場をやり過ごせば終わりというわけではありません。お客様との関係はずっと続いていくもの。だから、その失敗をチャンスとして、お客様とより深い関係をつくっていきたいと私は考えます。

「困った、弱った、大変だ」と言うだけでは〝感情〟に支配されている状態です。

でも、そこで、

「これは何のチャンス？」

と自分に問いかけてみると、少し離れて冷静に状況を見ることができます。それによって最善の対応が思い浮かびます。

人というのは、アクションだけが評価の対象にされるのではありません。突然、何か大きな出来事が起きたときに、それに対してどういうリアクションをしたかによっても、評価が大きく左右されます。

リアクションにもまた、2種類あります。

ひとつは、ただ感情に任せた「反応」のようなリアクション。

もうひとつは、感情から少し離れて、どのようにしたら相手にも自分にも最善かを考えて行う「対応」のようなリアクション。

「対応」のリアクションをするのは簡単ではないかもしれませんが、いつも何か起きたときにひと呼吸おいて、

「これは何のチャンス？」

と自分に問いかけることで、思いもよらぬよい対応が生まれるかもしれません。

56

「スリル満点の家族だね」で大ピンチから笑って脱出

「これは何のチャンス？」と普段から考える訓練をしていると、ピンチでも冷静に解決策を考えられる自分に変わります。最近になって、それを実感する事件が起きました。

長男がめでたく大学に合格したのはいいのですが、危うく入学手続きを忘れそうになるという、とんでもないピンチが発生したのです。

私は妻と長男が手続きをしているつもりでしたが、金曜日の朝、ふとその日が手続きの締め切り日だったことを思い出しました。

「そういえば手続きは無事に済んだ？」

それが朝7時前。妻はすでに出勤しており、長男は高校の文化祭の準備に向けて家を出ようとしていたところ。長男は「へ？」とその場で凍りついています。書類を見たら、真っ白のまま！　住民票もとっていないし、もちろん入学金も振り込んでいません。

あせって妻に電話すると、あちらも「へ？」と電話口で凍りついています。

これは大ピーンチ！　その日のうちに書類を整えて、入学金を振り込んで、当日の消印で書類を郵送しなくてはなりません。

こんなとき、どんな言葉が出てくるでしょうか。きっと普通は、「何やってるんだよ！」「ダメじゃない！　どうするんだ？」という「反応」のひと言じゃないかと思います。

私は幸いにも、「これは何のチャンス？」という問いかけをする訓練を普段からしていました。ここで怒っても生産的なことは何もありません。私にも当然責任があります。

ここで思わず私の口から出てきたのは、

……「いやあ、うちってほんと、スリル満点だよね！」

という言葉。われながら笑ってしまう「対応」です。それを言ったことで冷静になり、作戦を練りはじめました。出先にいる妻と電話で連携しながら、長男には学校に行く前に急いで書類を書かせて写真を貼らせました。

私は大きな企業と打ち合わせがあって、遅くても10時には地元駅を出なくてはいけません。区民事務所は9時前に開いているので、まずそこで住民票取得。その足で銀行で入学金を振り込み、そのまま郵便局へ行って、書類をまとめて書留にして一安心。あとは駅まで走って、打ち合わせの時間に滑り込みセーフ。まさに、スリル満点の家族でした。

57

元気がわくプラスの言葉で、行動もプラスに向かう

この出来事も、妻や息子や自分をさほど傷つけずに乗り切れたのは、「スリル満点だよね！」というひと言だったのかなと思います。

大ピンチかもしれませんが、「スリル満点」と言った瞬間から、住民票を取ったり、銀行に行ったりすることの一つひとつが、まるでゲームか、テーマパークのアトラクションに乗っているようなイメージになりました。**いやいややるのではなく、ドキドキハラハラするイベントになった**わけです。「よし、これゲット！」「はい次行こう！」という感じで。

そして、「スリル満点」と言った時点で私の呼吸が整い、視線が未来に向いて「さあ、やってみるか！」という気持ちになりました。結局、自分を救っているのですね。

同時に、おもしろいことを口にしたことで、「だから言ったじゃないか」といった感情で「反応」するような言葉が出てくる余地はなくなります。これは、無理にでも笑顔をつくったら、怒る気分にならないのと同じ理屈。**元気がわくプラスの言葉を出しておけば、行動**

もプラスに向かっていくのだと身にしみて理解できました。

怒らなくてもいいのに怒ってしまうことってたくさんあります。とくに、このような手続きなんて、怒っていても怒っていなくても解決できる問題です。むしろ、怒りながら解決しようとすると、ミスが出てしまうかもしれません。

時間ぎりぎりで一つでもミスをすると間に合わない恐れがあるのですから、余計なプレッシャーをかけて萎縮してしまったら、それこそ間に合うものも間に合わなくなってしまいます。

そもそも、なぜ大学に行く？　なぜ受験する？　と考えれば、つまらない怒りで家族の関係を悪化させるのは本末転倒です。子どもを大学にやる目的は、子どもの幸せのため。それが家族の幸せのためでもあるから。その一つの通過点に差しかかっているというのに、家族が感情を乱していたら、そもそもの目的と全然違うことになります。

スリル満点のイベントは、郵便局で受領証をもらって完了。スマホで写真を撮って、家族のSNSグループに、「スリル満点！　松本家」とコメントをつけて送信しました。

すぐに妻と息子からは「ありがとう！」とスタンプ付きの返事が届きました。

58

「何かのチャンスに違いない」と信じて手を打った結果

会社にいたころにも数え切れないピンチがありました。今でも思い出して冷や汗が出てくるのが、テレビ会議システムを使った部門長会議のセッティング。

役員全員、本部長、部門長などが、四半期に1回、全拠点に向けてコミュニケーションをとる会議です。ところが、前日の夕方になって、テレビ会議システムを使える部屋が確保できていないことに気づきました。会議は翌朝！　私の責任！　これまた大ピーンチ！

使いたかった会議室は別のグループ会社が押さえていたようなのですが、電話をしてみると早帰りの日で全員退社の様子。

……「ああ、いったい、これは何のチャンスだ？」「何かのチャンスに違いない」

と信じ、打てる手はすべて打っておこうと、グループ会社の担当者に対して事情を説明するメールを発信。次に、別の会議室でテレビ会議システムが使えないかと考えて、古いポータブルな設備を探し出しました。ところが、その会議室の設備に合わない。システムが違うためにに特別なアダプターが必要だとわかったのですが、それ以上のことは不明。そこで、藁《わら》にもすがる思いで、当時、一日中パソコンに向かっていた中3だった長男に、電話で相談しました。

「父さんだけど、助けてくれないか？」

すると、長男はすぐにネットで調べてくれて、会社近くの量販店にそのアダプターがあると教えてくれました。解像度は最低レベルでしたか、なんとか映りました。

次の問題は部屋が狭くて全員が座れないこと。「まあ、何人か立たせればいいか。部長を立たせても会議ができることが分かるチャンスかも！」と一人で納得。できないよりまし。

そして翌朝。早く出社し腹をくくって、社長に謝りに行こうと思ったそのときでした。電話がかかってきて、最初の部屋がキャンセルで空いたという連絡。奇跡的なラッキー！

もっとも、そんな奇跡が起きたのも、考えられるすべての手を打ったからであるのは間違いなく。まさに「思いと行動は奇跡の誘い水」ですね。実際、電話をくれた人は担当者ではなく、私が出したメールをＣＣで見たグループ会社の知り合いでした。

結局、「何のチャンスか？」と冷静になって考えたのがよかったのだと思っています。そして意外なことに、この〝事件〟によってもう一つのチャンスが訪れたのです。

59

本心からの親のひと言が子どもを成長させる

会議室予約でのピンチは、私の家の親子関係にもチャンスをもたらしてくれました。

実は、当時中学生だった長男は、不登校でした。部屋でパソコンを日がな操作していたので、その検索能力は半端ではなく、私の相談に対しても瞬時に調べてくれました。

不登校といっても、学校に行かないだけで、親子の関係は悪くはありませんでした。会話はあまりしなかったものの、最低限のコミュニケーションはとれていたつもりです。

体調の問題に始まって中1の夏休み明けから不登校となり、そのときまで約1年半。最初のうちはなんとか学校に行ってもらおうと工夫したりしましたが、それが本人にとって逆効果であることが分かってからは、無理強いはやめました。ごく普通に家であいさつをして、ごく普通に食事をしていたのです。とはいえ、彼も心の中には、私たちのうかがいしれないモヤモヤを抱えていたことでしょう。

そんなとき、私が会社での大ピンチを迎え、彼にヘルプを求めたのです。

私は、「これが不登校を乗り越えるきっかけになるだろう」なんていう下心はかけらもありませんでした。そもそも、そのときの私はピンチに直面していたので、そんな余裕はなく、それよりも一人の人間として、彼の能力を評価していたから依頼したのです。「父さんを助けてくれないか」という言葉に彼は期待以上の動きをしてくれました。それに対して、私は本気で「ありがとう！」と心から感謝をしました。

今、あの晩のことを冷静に考えてみると、彼も彼の部屋から抜け出せないもんもんとした日々の中で、好きか嫌いか別にしても、父親が本気で頼みごとをしてきたことは、一人前の人間としての自分を実感し、人に貢献できる自分を実感できたのかもしれません。結果として、とてもいい経験になったと思います。親子としての大切な瞬間でもありました。

そればかりが理由ではなく、彼の努力があってこそですが、その後、ゆっくりではありますが、彼は部屋から外に向かって歩きだし、なんと中学の修学旅行にも参加しました。彼の心の中は分かりません、その時期にさまざまなことがあって、少しずつ心の灯りが強くなっていったのでしょう。そんな家族の時間の中の、エポックメイキングな事件の一つだったのではないかと、私はいま振り返っています。

60

相手の目線になって初めて出てくる言葉と態度

もともと元気で賢く愛嬌《あいきょう》のある長男でしたので、不登校になった当初は、私も妻もただうろたえるだけでした。そんな私に、気づきを与えてくれたのは、不登校になって4か月ほどたった正月休みのこと。妻が長男と次男を連れて岩手の実家に帰ったときのことです。

私は仕事の休みが短いために家で留守番。そこで、ふと長男の部屋に入って、そのベッドでゴロッと寝てみたのです。

そこから部屋の風景を見て、天井を見て、壁を見て、パソコンがある机を見て、カーテンを見て、そのあまりにも狭い世界に改めてびっくりしました。

……「こんな狭い世界にずっといるんだ、もう4か月以上抜け出られなくなっているんだ」

私自身がしんどい思いをそこで感じて、当たり前ですが、一番しんどいのは本人だということを実感できました。

それまでは、なんとかして学校に行かせたいということばかり考えていましたが、それよりも家庭に居場所をつくってあげないといけないと悟りました。

こんな狭い部屋でもここを選んでいる彼に、学校へ行けと言うのはいい選択ではない。気の済むまでここにいていいし、学校に行きたければもちろん行ってもいい。手伝うことがあれば手伝うが、無理して行く必要はない。少なくともこの家はキミの居場所だから。

不思議なことに、私が彼のしんどい思いに気づいてからは、彼との対話の質が変わった気がします。それまでめっきり減っていた口数でしたが、ときには母親と会話がはずむこともありました。きっといつでも問題は親の心のあり方次第。申し訳なく思いました。

おそらく、私が彼の気持ちに気づいたことで、私や家内が変わったのでしょう。そして彼に対する態度や言葉が変わったのではないでしょうか。相手の目線を知って初めて共感できたからこそ、私自身も自然に変わることができたのだと思います。

結局、その後も不登校は卒業まで続きましたが、3年生になってからは、前項のようなきっかけもあってか、学校行事に顔を出すことも増えました。徐々にではありますが、心を温め、気持ちに潤いが戻っていったのでしょう。

61 「温度のある言葉」が相手の心を温める

不登校だったころの長男は、言葉が少ないことだけでなく、動いていないので食事をろくにとらないときもあり、それが何よりも心配でした。親としては体が心配ですから、食事だけはしっかりとってほしいのですが、「ご飯を食べなさい」とか「食べてね」と言っても、なかなか聞いてくれません。

そこで、カウンセラーの先生に教えてもらったことがあります。それは、

……「温かいうちに食べな」

というように、**言葉の温度が伝わる言い方**です。お風呂についても、

……「お風呂に入って温まってきな」

「お風呂に入りな」より、

心が冷えきっていたり、気持ちに潤いがなくなっている人には、こうした〝温度〟を感じさせるひと言が、思った以上に重要なのかもしれません。

その後、介護に携わっている人からも同じようなことを聞きました。**温度のある言葉を使われると、温かいものを食べたり、温かい湯に入ったりした様子を思い浮かべて、心もほぐれる**のでしょう。「じゃあ、食べてみようかな」「そろそろお風呂に入るか」という気持ちになるものです。

これは仕事でも通用することだなと私は感じました。

「熱さを感じるね」

「グッと温度が上がっているよ」

これで自分の中の熱意や熱情が相手にも伝わります。

また、直接温度を表す言葉でなくても、

「わくわくするよね」

「どんどん盛り上がってきたな」

という言葉も感情をありありと表現できる言葉だと思います。

活字にすると、ちょっとわざとらしい感じがするかもしれませんが、実際に言い慣れてしまうとそれほど気恥ずかしくもありません。

とくに、心が寒くなっている人には、言葉で温度を伝えるのがいいと思います。

62

シンプルな言葉でも、込められた思いが相手を熱くする

中学で2年半不登校だった長男が、進路を考えるときがやってきました。定期試験を受けたりすることで、中学は卒業できるとのこと、その後の進路を考えなくてはなりません。無理に高校に行けとは言いませんでしたが、将来大学や専門学校に行くにしても、早めに働くにしても、自分の意思で進む道を決めなくてはなりません。

ただ、高校やその先の専門学校や大学を目指すのであれば、遅れている勉強をしなくてはならない。具体的にどうやって勉強をやる気になってもらえればよいか、その言葉が私には見つかりません。「勉強しろ」「高校に行ったほうがいい」では逆効果。

それでも、何度か話をする中で、勉強する必要があるということだけは合意してくれて、個別授業をしている塾に相談に出かけたのです。

そこで面談をしてくれた塾長が、口にしたのはこのひと言。

……「別に、高校に行かなくてもいいんではないですか」

4年かけて勉強すれば、高等学校卒業程度認定試験はとれる。目標があるのなら、この塾でもそうでなくてもいいので、今から勉強すれば大丈夫と言ってくれました。

この「高校に行かなくてもいい」というひと言で、私も長男も気が楽になりました。そして長男の中でも何かスイッチが切り換わったような気がします。

結局、その塾のお世話になり、とりあえず挽回が大変な数学の勉強から始めることになりました。いま高校の受験方法はさまざまとなり、内申点を見ない公立高校もあります。逆に普通の公立より倍率は高かったのですが見事合格しました。

卒業式にも出席して、卒業証書が入った筒を手にした集合写真も、みんなと一緒に笑顔で映りました。彼の卒業文集の書き出しは「不登校になってみて」から始まります。彼が立ち上がった宣言に聞こえました。きっと彼にはそもそも強い部分があるのだと思います。

それを引き出してくださった塾長のひと言。たくさんの子どもたちを見てきただけに、説得力があったのだと思います。子どもを動かす魔法の言葉を探すのではなく、相手に対する熱い思いが自然と言葉になって出ることで、シンプルな言葉でも相手を熱くし、温めることができるのです。

63 子どもに言わないほうがいいけれど、言ったらビックリしたひと言

よく次男次女は「天真爛漫《らんまん》」なんてことを言います。私も次男ですので、そんなことを言われましたたし、まあ、そんな気もする、のですが、実は次男次女はとても気を使って天真爛漫を演じている場合もあります。

長男長女も「しっかりもの」なんて言われたりすることがありますが、それもまた、演じていたりする場合もあります。

私は次男。だから少し冷静に、長男や自分の役割を見て、そう感じたりします。長男がしっかりしようと頑張っている分、自分は少しおちゃらけて空気を潤そうとしなければいけないような、使命感かもしれません。

我が家の次男もそんな感じです。天真爛漫を絵に描いて額縁に入れて飾ったような性格。いつもニコニコ、愛されキャラです。

きっと長男が「しっかりもの」で頑張っているのをみて、家の空気をなごませる役割を

してくれているのでしょう。子どもって、実は深いものです。

いつも笑顔で、ニコニコと、天真爛漫のような次男ですが、その気遣いの深さを感じる出来事がありました。

一昨年でしたか、夜ももう寝る時間、私が風呂から上がったときに、居間にいた中1の次男とすれ違いながら、ぼそっと、

「なんか頭痛するんだよな」

……と言ってしまったときがありました。普段は子どもにそんなことを言わないのに。

私もほんとに、息を吐くくらいの感じで言っていたので、次男にその言葉が届いているなどとも思っていませんでした。そのまま私はトイレに行って、居間に戻ってきたらば、次男は薬箱をごそごそしていました。そして頭痛薬を2錠手のひらに乗せて、

「飲む?」

と聞いてくれました。

具合の悪い親の姿なんかあまり見せてなかったから心配だったのかもしれません。天真爛漫なふりして、実は家族みんなのことを気にしてくれている、次男だからこその反応だったのかもしれません。手のひらに渡された2錠が、うれしい夜でした。

64

「ねばねば星人」から「尊敬、尊重、存在を認める」介護へ

介護の現場でも、言葉の大切さは変わりません。ささやかなひと言で、介護される人の状態はよくも悪くもなります。そんな例を私は数多く見聞きしてきました。

ほめ達のメンバーの小野寺美和さん。宮城県に住んでいたご両親はご自宅が東日本大震災の津波で被害を受けたために、彼女を頼って東京に出てきました。

ところが、環境が変わったことによるストレスなどが原因で、お母さんが認知症になってしまいました。ご主人のことも分からなくなり、娘さんによる介護がはじまりました。さらに、お母さんは老人性うつも発症し、睡眠導入剤を飲まなくては寝られなくなってしまいました。

もちろん、彼女も介護は初めての経験。しかも仕事をしながらですから、かなりのご苦労があったことでしょう。「薬を飲ませなくては、ご飯を食べさせなくては」と懸命に介護をしていました。食べる量が減れば心配になり、「なんとか食べさせねば」と頑張りました。

いつしか彼女は、なんでも「……ねば、……ねば」と進めていく、「ねばねば星人」になったといいます。ところが、それではお母さんはよくなりません。

そこで、ふと思い直し、ほめ達で身につけたやり方に変えてはどうかと考えたのです。つまり、母親のすべてを認めて、受け入れるようにしたのです。

ほめ達では「すごい、素晴らしい、さすが」を3Sと呼んでいることはすでにお伝えしましたが、加えて彼女は「尊敬、選択の尊重、存在を認める」を介護の3Sとしました。

たとえば、ご飯を食べれば、

「食べたんだ、すごいねえ」

とひと声かけ、食べなければ、

「食べたくなければ食べなくていいよ」

とお母さんの**選択を尊重した**のです。

食べ物以外についても、お母さんがちょっと変わったことをしたいと言うと、それまでは「それは違うよ、お母さん」とはねつけていたのが、「そうか、そうしたいんならそうしようね」と受け入れるようにしたのです。すると、しだいにお母さんの症状が軽くなっていき、睡眠導入剤も飲まずに寝られるようになり、笑顔も出るようになったそうです。

65 「組織も家庭も人生も活性化」するためのキーワード

自分の人生を幸せなものにしたい。我が家を温かな家庭にしたい。組織がいつも活気にあふれて、成長し続けるようでありたい。

そんなことを目指すときに、大きなキーワードになる言葉があります。それは、「当たり前」

この「当たり前」という言葉、実はくせものです。なぜならば、この言葉の裏には、ものすごい価値や、魅力的なものや、組織活性化のヒントなどが、驚くほどに隠れているからなのです。

これはためしに、**自分の身のまわりの「当たり前」を探してみる**と分かります。

あなたにとって、一番「当たり前」なことはなんですか？

明日も会社に出社する、ということでしょうか？　家族がいる、ということでしょうか？

今夜も缶ビール２本だけ飲むこと？　毎日ＳＮＳで発信すること？　仕事はたいくつだ

けど収入は安定していること？　あ、それ以前に、生きていること？

もうお分かりかもしれませんが、「当たり前」を探していくと、それはすべて、自分にとってなくてはならないこと、もっと言えば「在《あ》り難《がた》い」ことだったりします。

明日行く会社がある、家族がいてくれる、今夜もビールが飲める、ＳＮＳでつながっている友だちがいる、収入がある、生きている。

これらすべて、「当たり前」であればあるほど、なくなってしまったらダメージが大きいことばかりだとは思えないでしょうか。

私たちのまわりにある「当たり前」の裏には、実は本当に価値あること、魅力的なこと、素晴らしいこと、「在り難い」ことが隠れています。

そしてそこに目を向けると、自分のまわりには自分を支えてくれている、元気にしてくれる存在ばかりだと気がつきます。そして、そのことで、組織や家庭や人生まで、とても大切なことだと気づき、目線が変わり、それを大切にしたり、感謝したりすることで、すべての関係がよくなり、活性化しはじめます。


……「当たり前」ってなんだろう？

それを考えた途端に、毎日が輝き始めるのです。

66

夫婦の危機を乗り越えたひと言

「どうしたの？」のひと言が、夫婦関係を一変させた例もあります。

ほめ達を通じて知り合った30代の女性なのですが、共働きであるのにもかかわらず、旦那さんがなかなか家事を手伝ってくれず、仕事から帰ってくると寝っ転がってスマホでゲームばかりしていたのだそうです。

そんなことだから、夫婦関係もあまりよくなくて、半ば「同居している他人」のようだったといいます。

でも、私のほめ達の講演を聞いてみて、そんな旦那さんでもほめることができないかなと思って、じっと観察していたのだそうです。

すると、ある晩、旦那さんが「あー」とため息をもらして、いつもと違うように見える日がありました。普段なら旦那さんに話を聞くことなどしないのに、そのときは、ふと、

……「どうしたの？」

と尋ねました。すると、「実は、仕事でこんなことがあって」という仕事の悩みを話し出すではないですか。彼女はその話を「へえ、そうなんだ」と聞いてあげました。

「あなたも大変なんだね。でも、頑張っているから、そんなこともあるんだよ」

最後にそんなことを言ってあげたそうです。すると、旦那さんは**「今日は話を聞いてくれてありがとう」**とぽろっと口にしたのだとか。

それを境にして家の中の空気が一変。穏やかに温かくなったのだそうです。

「松本さん、私は最初ほめようほめようとして、でもやっぱりほめるところがないなあと思いながら、旦那のことを見ていたんです。そうすると、ちょっとした変化に気がついて、思わず『どうしたの？』っていうひと言が出てきたんです」

そのひと言が、二人の間にあった見えない壁を崩したのでしょう。相手を見てないと、ため息にも気がつかなかったはず。見ていたから気づいたわけであり、自然と相手の欲しい言葉が口から出てきたのでしょう。

必要なのは、魔法のようなほめ言葉を探すことではなく、相手をよく見ることだったのです。そして結果として、魔法でなくて、奇跡が起きてしまうのかもしれません。

67 叱っても騒ぐ子を一瞬で静かにさせた意外なひと言

以前、私の親戚が集まった席で、こんなことがありました。

2歳になる甥《おい》っ子が、やたらに大声を出して騒ぐのです。その場にいる大人たちは、「静かにしなさい」と言うのですが言うことをきかない。

そこで私は、彼の目を見て、笑顔でひと言。

「でっかい声だなあ」

……

とたんに静かになりました。おかしなことを言う大人だなあと、驚いたのかもしれませんが、それ以上に承認欲求が満たされたことが大きかったと思います。子どもが一人だけで騒ぐのは、**注目してほしい、こっちを見て！　というサインですから、「見てるよ！」というひと言を投げかけてあげれば、意外に簡単に解決します。**

親が自分のことを構ってくれないので騒いでいたわけですが、代わりに私が認めてあげたので、その日いっぱいは静かでいてくれました。

では、もう少し大きくなった子はどうでしょうか。

夏休み中などに、大自然のなかで子どもを育てるという教室がありますが、そこの先生から聞いた話です。そうした教室には、周囲とのコミュニケーションに問題のある子もよく参加するとのことで、なかにはずいぶんやんちゃな子も来るのだそうです。

あるとき、まだそのシーズンの教室がはじまったばかりのころ、何かのきっかけで、ある中学生がワルぶって、

「やってられっかよ！」と叫んだのだそうです。

それに対して、先生はひと言。

「元気いいね！」

……

すると、それ以降、すっかり穏やかになって、先生の言うことをきくようになったといいます。

これも、やはり承認欲求が満たされたからでしょう。おそらく、それまではまっすぐに向き合ってもらえる機会を逸していたのかもしれません。

「どうせ、先生は優秀なやつばかり見ているんだろう」とか、私たちだって思いますよね。しっかり自分を認めてくれたことで、周りと向き合えるようになったのかもしれません。

68

「私は不幸？」な人でも幸せになれるメッセージ

20代の半ばの頃に、映画評論家のおすぎさんにとてもよくしていただきました。

そのころ、さだまさしさんの制作マネージャーだった私は、文化放送の『セイ！ヤング』というさださんのレギュラー番組の制作も担当していて、光栄なことに、その月イチのゲストだったおすぎさんとお知り合いになれました。

毒舌や言いたい放題で通っていたおすぎさんですが、本当に頭の回転が速くて、ものすごい感性の持ち主。「おかまをばかにするんじゃないわよ！」と言いつつ、社会に対して身を張って「毒舌」という名の本気のメッセージをする姿は、私から見れば逆に「男気」を感じるほどでした。

おすぎさんとの打ち合わせの後などに、銀座の裏通りの「おふくろの味」的な小料理屋さんに、よく連れていってもらいました。そこでこんな話をしてもらったことがあります。

「あなた独身でひとり暮らしだからというのもあるだろうけど、なんでも美味しい美味しいって食べるじゃない。それがいいのよ。それが大切。あそこの店より美味しい、昨日より美味しいじゃなくて、いま、これが美味しい、〝あ〜！　あたし、シアワセ！　で、人生はオッケー。幸せは何かと比べるものじゃないから」

ご飯を食べながら、ふざけたふりして、とてもすてきな話をしてくださいます。

「幸せもそうだけど、不幸だって比べなくていいのよ。人の痛みは１００年でも我慢できるじゃない、自分は痛くも痒《かゆ》くもないでしょ。でも、自分の痛みは１秒もイヤなのよね。指のササクレだって我慢できないでしょ！　だから、人間なんで、指のササクレだけで世界一不幸だと思えてしまうのよ。結局、気のせいよ。だから、幸せも不幸せも人と比べるもんじゃないのよ。いつだって幸せだと思えばいいし。〝あ〜！　あたし、シアワセ！　で、人生はオッケー」

20代半ばの私がどこまで深くその話を理解できていたかは分かりませんが、とても納得もしましたし、感動したのを覚えています。なにせあれから30年、そのお店や料理とともに、おすぎさんの言葉をしっかりと記憶しているくらいですから。

本当にありがたいご縁、そして言葉をいただきました。

69

「クリスマスに一番幸せな人」にしてくれた、先輩のひと言

私は大学4年の秋から、さだまさしコンサートのツアースタッフにアルバイトで参加していました。

本当に毎日を楽しんでいたので、私はいつもご機嫌でした。この年になって、後輩を育てたり応援するようになると、いつもご機嫌でよく働く若手は、かわいがりたいとも思いますし、応援もしたくなります。きっと私もそう思っていただけたのか、アルバイトにもかかわらず、あきれるほどに仕事をたっぷりいただけました。

なにせ、アルバイト3か月目くらいで、社員のツアースタッフの先輩2人がケガをされて、長期に休んだときがありました。そのときに私はアルバイトであるにもかかわらず「コンサートスタッフ・マネージャー」をさせられたほどですので。

よく働くせいか、さだまさしコンサートのスタッフばかりではなく、同じ事務所のコーラスグループ「白鳥座」のライブスタッフも兼任しました。休みはなかったものの、毎日

がライブで楽しかった時代です。でも、忙しすぎて、そのころ付き合っていた彼女とは、疎遠になってしまいました。両立は難しいのか？　なんて若くして思いました。

そんなころのあるクリスマス。新宿のルイードというライブハウスで、白鳥座のライブがありました。朝、ＰＡ（音響さん）の先輩の小黒さんと、機材をトラックから降ろしていたら、目の前を幸せそうなカップルが、クリスマスファッションで通りすぎました。彼女と疎遠になっていた私が、羨ましそうにその後ろ姿を眺めていたのを、小黒さんが知ってか知らずか、こんなことを言ってくれました。

「マツ、クリスマスに一番幸せなのは誰だか知っているか？」

何を言い出すのだろう？　この寒空の下、重い機材を降ろしながら？

………………

「クリスマスに一番幸せなのは、サンタクロースに決まっているだろ！　人に幸せを配る人が一番幸せ。当たり前だろ。だから、今夜、ライブでたくさんのお客様を幸せにするのはアーティストと俺たちスタッフ。俺たちって、幸せだよな」

なんともかっこいい先輩でした。**人に幸せを配る人が一番幸せ。**あのクリスマス以来、大切にしているひと言です。

70 「おやすみ」のあとに「また明日」をひと言加える

夜寝る前のあいさつの言葉は、「おやすみ」「おやすみなさい」と相場が決まっています。でも、私はいつもそれにひと言だけ加えています。

……「おやすみ、また明日」

深い意味はありませんが、明日につながっている感じがするので、いつのまにか、そういう言い方をするようになりました。**今日もよかったけれど、明日もまた楽しくやろうね**という気持ちです。もしくは、**今日は大変だったけれど、明日はきっといい**という気持ち。

50歳を超えたおやじが、夜遅く息子の部屋をトントンとノックして、「じゃ、父さんは先に寝るぞ。おやすみ、また明日」と言って歩いているわけです。

変なおやじかもしれませんが、妻にも同じように、ごく普通に毎日そう言ってきました。今日と明日をつなげただけですが、これを繰り返していくことで、いい未来がやってきそうな気分になりませんか。

コラム

「上司を出せ！」とコールセンターに言って喜ばれたひと言

「上司を出せ！　上司を！」と窓口やコールセンターで叫んでしまう、いわゆるクレーム状態。なにか最近、街の中そんな金属音のような声が増えてしまっているようで心配です。

サービスが向上する半面、客側の期待値も高くなっています。私には、サービスがデフレを起こしているんじゃないか、と感じられることもあります。

クレームとは「不満足の表明」。まあ、言うべきときは言う。いいではないですか。

ではでは、「満足の表明」というのも、言うべきときは言いましょう！

「上司を出してちょうだい！　上司を！」

と、ここまでは同じなのですが、

「もう、本当に素晴らしいサービスで感動してしまいました。またこちらでお願いするわ！」

そんな具合にお伝えできたら、きっと働きがいや、お客様への貢献の実感を感じてもらえるのではないでしょうか。

1章のコラムでお話ししたマウイ島での出来事は、それが素晴らしい結果をもたらした例でした。

こんな話もあります。

ほめ達検定1級の試験には、自分がほめ達になって体験したエピソードを短くプレゼンしていただく時間をもうけてあります。ある1級挑戦者の方がこんなエピソードを披露してくださいました。

「通勤バスの運転手さんが、駅に着いたときに、ありがとうございました！　いってらっしゃい！　と言ってくれるのが気持ちいいので、バス会社に電話しました。**あんな素敵な運転手の方をぜひほめてあげてください**、そしてぜひ給料上げてほしい！」

わざわざ会社に電話してほめる、素晴らしい行動力だと思います。もっとも、わざわざ電話してクレームを言うことができる人は多いわけですから。逆もできますよね。

このほめられた運転手さん、次に乗ったときは、前にもまして、元気ハツラツで「ありがとうございました！　いってらっしゃい！」と言っていたといいます。きっと会社でほめられたのですね。

この「満足の表明」は、ほめたい人本人ではなくて、その会社や上司に言うところがミソ。クレームでキリキリしている企業の皆さんの、心を温めたり、潤してあげられますね。

おわりに

言葉を変えれば、人生が変わる。

そんなエピソードを今回70個ほどご紹介しました。

ほんの「ひと言」を加えただけで、驚くほどに人との関係が変わり、目の前の風景が変わり、未来が変わっていきます。その「ひと言」を意識していなかったころに比べて、まったく違う毎日になります。


ただ、「そのひと言が出しづらい」、そんなふうに思われることもありますよね。かつての私もそうでした。


ある人にこんなことを言われたことがあります。

「松本さん、幸せになりたい、なんて思ってはだめですよ」

とても不思議なセリフです。「どういうことですか?」とたずねました。

「幸せになりたい、ではなく、幸せになる、にしましょう。幸せになりたい、は願望です。幸せになる、は決意です」

とても腹落ちしたことを覚えています。

「幸せになる」という大きな決意ができてしまえば、毎日の暮らしの中の小さな決意も、少しがんばってできそうに思えてきます。

どちらを選ぶか、やるかやらないか、進むか立ち止まるか、言うか言わないか。

そんな毎日の選択のときに、小さな決意で半歩踏み出すことを重ねると、いままで想像もしなかった未来へとつながっていきます。

「ひと言」加えることは、幸せな未来に向かう私たちの毎日の中で、ほんの小さな決意でできる、もっとも簡単で、もっとも効果のある方法ではないでしょうか。

もちろん、すべてがうまくいくわけではありません。誰かのために、せっかく勇気を出して伝えた「ひと言」も、砂漠に水がしみるように、消えていくこともたくさんあります。

でも、誰かのために、その言葉を口にした「自分」の、潤いのある温かな心は、消えることはありません。やがて必ず、その心が周りを潤し、そして温めて、色あざやかな日々がやってきます。

いま、心の温度が下がっている、そして少し乾いた時代なのかもしれません。そんな時代だからこそ、「ひと言」のぬくもり、「ひと言」の潤いが、思った以上に人に元気や勇気を与えてくれるのではないでしょうか。

私もたくさんの人たちの何気ない「ひと言」に、元気や勇気をもらってきました。

毎日の暮らしのいたるところで、そんな「ひと言」をプレゼントしてくれている人たちがいます。

2年前の冬至の日のこと。

私は出張先の福岡から夜、ANA便で羽田空港へ戻ってきました。

その日の機内は仕事での利用客が多いようで、年の瀬ということもあり、少し疲れた空気も感じました。

羽田空港着陸と同時に、キャビンアテンダントの女性が「ベルト着用のサインが消えるまでお席をお立ちにならず……」といつものアナウンスをされます。

滑走路を移動する静かな機内に、たんたんと流れるアナウンス。

その日のキャビンアテンダントの女性は、アナウンスの最後にこんな「ひと言」を加えられました。


今日は一年でもっとも昼の短い冬至です。

太陽を表すというゆずで、ゆず湯に入るといいと言われています。

どちらさまも、一年で一番長い夜をお楽しみください。

ご搭乗ありがとうございました。

ふっと、機内にゆずの香りや、ゆず湯のぬくもりが広がったように思えました。同時に、

「冬至。今年も終わりか、今年もよくがんばった」

なんて心の声が、機内のあちこちでつぶやかれたような気がします。出張疲れで家に帰るのではなく、一年で一番長い夜を味わうように温かく過ごそう、そして明日もがんばろう。そんな気持ちにさせてくれたアナウンスです。素晴らしいですね。

「ひと言」が、たくさんの人の明日を元気にする、と感じた夜でした。

言葉を変えれば、人生が変わる。

言葉は自分の人生も、人の人生も変える力をもっています。

「人生を変える！」と息巻いてもなかなか大変なことかもしれません。でも、「言葉を変える」ことは、いまこの本を閉じた瞬間から、できてしまいますものね。

松本秀男

日本音楽著作権協会
(出)許諾第1801183-801号

青春新書 PLAYBOOKS

人生を自由自在に活動《プレイ》する

人生の活動源として

いま要求される新しい気運は、最も現実的な生々しい時代に吐息する大衆の活力と活動源である。

文明はすべてを合理化し、自主的精神はますます衰退に瀕し、自由は奪われようとしている今日、プレイブックスに課せられた役割と必要は広く新鮮な願いとなろう。

いわゆる知識人にもとめる書物は数多く窺うまでもない。

本刊行は、在来の観念類型を打破し、謂わば現代生活の機能に即する潤滑油として、逞しい生命を吹込もうとするものである。

われわれの現状は、埃りと騒音に紛れ、雑踏に苛まれ、あくせく追われる仕事に、日々の不安は健全な精神生活を妨げる圧迫感となり、まさに現実はストレス症状を呈している。

プレイブックスは、それらすべてのうっ積を吹きとばし、自由闊達な活動力を培養し、勇気と自信を生みだす最も楽しいシリーズたらんことを、われわれは鋭意貫かんとするものである。

—創始者のことば— 小澤和一

著者紹介

松本秀男〈まつもと ひでお〉

一般社団法人 日本ほめる達人協会 専務理事。1961年東京生まれ。国学院大学文学部卒業後、歌手さだまさし氏の制作担当マネージャーを8年半勤め、アーティスト活動をサポート。その後、家業のガソリンスタンド経営を経て、45歳で外資最大手のAIU損害保険株式会社(当時)の代理店研修生に。トップ営業経験の後、伝説のトレーナーとして部門実績を前年比130%に。さらに本社・経営企画部のマネージャーとして社長賞を受賞するなど、数々の成果と感動エピソードを生み出し続けた。現在は徹底的に人の価値を見つけ、人と組織を動かし業績を上げ、しかも家庭まで元気にする「ほめる達人(ほめ達!)」として、リーダーシップや営業力強化研修、子育て講演などで活躍。テレビ・ラジオ・ウェブなどメディア出演も多数。著書に『ほめる人ほど、なぜ出世が早い?』(三笠書房)がある。

一瞬《いっしゅん》で自分《じぶん》を印象《いんしょう》づける！

できる大人《おとな》は「ひと言《こと》」加《くわ》える　青春新書 PLAYBOOKS

2018年3月5日　第1刷

著者　松《まつ》本《もと》秀《ひで》男《お》

発行者　小澤源太郎

責任編集　株式会社プライム涌光

電話　編集部　03(3203)2850

発行所　東京都新宿区若松町12番1号 〒162-0056　株式会社青春出版社

電話　営業部　03(3207)1916　振替番号　00190-7-98602

印刷・図書印刷　製本・フォーネット社

ISBN978-4-413-21108-6

青春新書 PLAYBOOKS

人生を自由自在に活動する――プレイブックス

「語源」を知ればもう迷わない！
大人の語彙力を面白いように使いこなす本
話題の達人倶楽部［編］
覚え方ひとつで忘れない！自信が持てる！「できる大人」の日本語教室。
P-1104

どんな人ともうまくいく
誕生日の法則
佐奈由紀子
仕事・恋愛・人間関係…苦手な人がいなくなる！気になる人の心のツボがわかる！統計心理学でわかった〝6つの性質〟
P-1105

こんなに変わった！
小中高・教科書の新常識
現代教育調査班［編］
あなたが習った〝常識〟はもう古い!? 驚きの最新事情が満載！
P-1106

一目おかれる振るまい図鑑
ホームライフ取材班［編］
見た目がよくても、話上手でも好印象の決め手は、しぐさとマナー！
P-1107